Brigitte Fokuhl

Lübeck

„Das ist ja gediegen"

Geschichten & Anekdoten

Bildnachweis

Lothar Wulf, Titelbild und Autorenbild: S. 5, 9, 52

Irmhild Burmeister: S. 29, 30, 31, 33

Brauerei Lück: S. 21

Horst Adler: S. 42

Gabriele Eichholz: S. 15

Brigitte Fokuhl: S. 11 oben, 69, 72, 74

Jürgen Fokuhl: S. 12, 35, 44, 56, 61

Karl-Heinz Nissen: S. 11 unten, 19, 20, 57, 58, 79

Anke Nissen: S. 17, 36, 50

Horst Possehl: S. 48

Antje Schlesier: S. 63

Schöning-Verlag: S. 7, 25, 47, 75

Gisela Schröder: S. 22, 24

1. Auflage 2015
Layout: Da Forma Agentur für Gestaltung, Gudensberg
Druck: Hoehl-Druck Medien + Service GmbH, Bad Hersfeld
Buchbinderische Verarbeitung: Buchbinderei S.R. Büge, Celle
© Wartberg Verlag GmbH & Co. KG
34281 Gudensberg-Gleichen, Im Wiesental 1
Tel. 0 56 03 - 9 30 30   www.wartberg-verlag.de
ISBN 978-3-8313-2432-3

Inhalt

Liebe Leserinnen und Leser!

Wie wäre es mit einem gemeinsamen Bummel durch unser Lübeck? Lassen Sie sich von mir mitnehmen, und wir machen einen Streifzug, der nach dem Zweiten Weltkrieg beginnt und bis in die 80er-Jahre hineinreicht. An einigen Stellen begleitet uns ein Touristenpaar, das ein verlängertes Wochenende in Lübeck verbringt. Touristen sind wir ja gewöhnt und, seid ehrlich, wir sind stolz darauf, dass die Menschen unsere schöne Stadt besuchen. Ich zeige Ihnen, liebe Leser, dass die Lübecker nicht nur feste feiern, sondern auch essen können, mit Gerichten, die zur Tradition Lübecker Vereine gehören. Erinnern Sie sich an all die kleinen Läden in Lübeck, die um die Ecke lagen, wie der Milchladen? Vielleicht waren Sie als Kind ja auch einmal in dem Tierpark von Lotte Walther, und an Wienerwald erinnern Sie sich ganz bestimmt!

Wo haben wir gefeiert, getanzt und gesungen? Ich will nur einige nennen: „Walkmühle" in der Geniner Straße; „Waldhalle" in Bad Schwartau; „Muuhs" und „Twiehaus" in Israelsdorf; „Schlutuper Tannen" in Schlutup; „Moislinger Baum" in Moisling; „Kahn" und „Riverboat" an der Puppenbrücke und die „Hanseatendiele" in der Königstraße.

Bei alledem sind wir Lübecker „eigen", und manchmal ist etwas „gediegen" bei uns. Man könnte uns als „lüübsch" bezeichnen. Was macht's? Es gibt Schlimmeres und immer wieder Grund zum Schmunzeln. Sehen Sie es mir bitte nach, wenn ich von Zeit zu Zeit in einen umgangssprachlichen Ton verfalle. Insbesondere die älteren Mitbürger verwenden oft Ausdrücke, die auf das leider nicht mehr so häufig gesprochene Niederdeutsch hinweisen. Aber jeder „Auswärtige", der uns besucht, kann uns verstehen, und darum lege ich dieses Buch auch unseren Besuchern ans Herz.

Brigitte Fokuhl

Ankunft

Barbara und Thomas haben sich entschlossen, für ein verlängertes Wochenende in Lübeck Quartier zu nehmen. Nun haben sie den Zug verlassen, steigen die Bahnhofstreppe hoch und wenden sich in der Halle in Richtung Innenstadt. Sicherheitshalber fragen sie einen Passanten, wie sie wohl zu ihrem Hotel namens „Lysia" kommen. „Ach, das geht ganz schnell. Nehmen Sie man die Beine in die Hand. In knapp zehn Minuten sind Sie da. Ein Taxi brauchen Sie nicht. Sie haben ja nicht so viel Gepäck. Gehen Sie man die Straße gerade längs. Links in der Anlage sitzt Kaiser Wilhelm I. zu Pferde auf einem Sockel, rechts gegenüber steht Bismarck und kuckt zu seinem Scheff rüber. Die beiden konnten ja recht gut miteinander. Später mit Willem II. war es ja anders. Der hat Bismarck nach Friedrichsruh verbannt – aus Altersgründen und Belohnung für seine ‚Bemühungen'."

Barbara und Thomas wechseln einen Blick. Dass Lübecker so auskunftsfreudig sein können, haben sie nicht erwartet. Dabei ist der freundliche Mensch noch längst nicht fertig: „Wenn Sie an den beiden vorbei sind, kommen Sie an den Lindenplatzteller. Zu Ihrer Information: Bei uns heißen die Kreisverkehre ‚Teller'. Dort überschreiten Sie links die Fußgängerampel und landen auf der Puppenbrücke. Sie sehen auch von da das Holstentor. Gleich hinter der Brücke, die den Stadtgraben überquert, liegt Ihr Hotel, das ‚Lysia'. Denn man viel Vergnügen für Ihren Aufenthalt hier. Tschüüs!"

Barbara und Thomas bedanken sich artig und sind im Nu an der Puppenbrücke. „Sieh mal, wie interessant, Thomas", meint Barbara und weist auf die mittelalterlich dargestellten acht Figuren, allesamt Allegorien. Die Frauen haben barock anmutende Staturen – so etwas ist aus heutiger Sicht aus der Mode gekommen. Die Männer erscheinen kriegerisch mit dem entsprechenden Zubehör an Waffen und Gepäck, je nachdem, was sie darstellen. „Nein, das ist ja komisch!", ruft Barbara: „Da steht einer, der hat nichts an, nur ein paar runtergerutschte Strümpfe und ein Schal, lose über die linke Schulter geschlagen, sind zu sehen. Auf dem Lockenkopf hat er eine Art Tellerhut, seitlich mit Flügeln dran. Nein, das sieht zu komisch aus!"

So wird man in Lübeck empfangen!

Wir würden in diesem Falle sagen, das sieht „gediegen" aus. Was dasselbe meint. Die Figur stützt sich seitlich auf ein großes, mit Schnüren versehenes Gepäckstück. Das ist der Gott Merkur, der Gott des Handels (und der Diebe, wie man auch sagt). Imposant! Was unseren Hausdichter Emanuel Geibel – auf den wir später noch zurückkommen – seinerzeit dazu veranlasste, Merkur einen recht kühnen Vers zu widmen:

„Zu Lübeck auf der Brücken,
da steht der Gott Merkur.
Er zeigt in allen Stücken
olympische Figur.
Er wusste nichts von Hemden
in seiner Götterruh.
Drum dreht er allen Fremden
den bloßen Podex zu."

Wer gerne singt, nimmt die Melodie vom Lied „Am Brunnen vor dem Tore ..." und überträgt sie auf den Merkur-Vers. Das geht prima.

Was Barbara und Thomas nicht wissen: Vor einigen Jahren hat ein superschneller Autofahrer die Kurve bei der Ausfahrt aus dem Lindenplatzteller nicht richtig erwischt und ist auf der Brücke (ungefähr gegenüber Merkur) in die Brückenmauer und die darauf befindliche Puppe gekracht. Die Puppe war so ziemlich hin und ein Teil der beschädigten Stücke fiel in den Stadtgraben. Die Stadtväter waren nicht amüsiert und der Autofahrer zerknirscht. Fachleute haben den Schaden wieder behoben. Gott sei Dank befinden sich die Originale der Statuen im Garten des Lübecker St.-Annen-Museums. Leute mit Übermut (meistens junge Leute) haben auch schon mal eine steinerne Katze entwendet, die neben einer Göttin saß. Wie kann es bloß angehn?! Diese Rowdys!

Barbara und Thomas haben die Brücke hinter sich gelassen und sehen links ihr Hotel liegen. Mitte der 60er-Jahre hat der dänische Hotelier Oscar Pedersen dieses schöne Gebäude erstellt und es nach seiner Frau Lys Assia „Lysia" genannt. Lys Assia, gebürtige Schweizerin, war seinerzeit eine beliebte Schlager- und Musical-Sängerin. Wer von den Älteren erinnert sich nicht an „Oh, mein Papa ...!"

Das ist aber nobel! Das Hotel Lysia Ende der 60er-Jahre.

Wenn sich Lys Assia in Lübeck in ihrem Hotel aufhielt, war sie sich nicht zu schade dafür, die von ihren Gästen vollgequalmten Aschenbecher zu entleeren. Wir haben sie damals aus Hochachtung nicht angesprochen. Aber sie hat stets freundlich gelächelt. Das tut man als Künstler so – meistens jedenfalls. Heute ist das Hotel dem Konzern „Radisson" angegliedert.

Nun wollen unsere beiden Besucher in ihrem Zimmer die Beine lang strecken und ausruhen. Wir machen uns in der Zwischenzeit allein auf den Weg und treffen sie später wieder.

Ein bisschen Remmidemmi

Nachdem die Menschen die ersten schweren Nachkriegsjahre überstanden hatten, begann für sie in den 50er-Jahren eine bessere Zeit. Am Sonntag und den Feiertagen entspannte man sich und im Sommer gehörte der Ausflug zu einem Gartenlokal zum Standardprogramm für Jung und Alt, schließlich gab es diese Gaststätten in zahlreichen Stadtteilen und am Stadtrand. Manches Ziel war fußläufig zu erreichen. Selbst die Kinder, die man zu einem nachmittäglichen Ausflug mitnahm, ließen sich nicht lange bitten, wurde doch zur Belohnung eine grüne oder rote Brause am Ort des Vergnügens in Aussicht gestellt. Dieser Geschmack und das Perlen des Getränks in Hals und Nase, das vergisst man nicht. Die Brause schmeckte so schön künstlich, ganz anders als der von der Mutter aus den eigenen Gartenhimbeeren eingekochte Saft.

Eine Mischung aus Gartenlokal und Gaststätte mit Saal, Holzparkett und großer Bühne für Darbietungen war in der Geniner Straße zu finden und nannte sich „Gaststätte zur Walkmühle". Passend befand sich daneben die Bierbrauerei Lück mit ihren blanken Kupferkesseln, die durch die großen Außenfenster zu sehen waren. In der Walkmühle fanden von Zeit zu Zeit Militärkonzerte statt. Da durften wir Kinder mit – vorausgesetzt, wir konnten manierlich mit der Kuchengabel umgehen und unser Stück Platenkuchen „verdrücken". Während auf der Bühne Musik gemacht wurde, durften wir Kinder uns frei bewegen. Sehr gerne setzten wir uns auf die Stufen zur Bühne, um dichter bei der Musik zu sein.

Und was wurde gespielt? „Alte Kameraden", „Gruß an Kiel", „Radetzki-Marsch", „Muss i denn zum Städtele hinaus" und ähnliche Sachen. Ach, was war das für ein Vergnügen! Um sechs Uhr abends war die Festlichkeit zu Ende, und wir mussten uns auf den Heimweg machen. Der dauerte zu Fuß (mit kleinen Kindern) etwa eine Stunde. Als wir erwachsener wurden, wechselten wir mit Erlaubnis der Eltern zum sonntagnachmittäglichen Tanztee über. Beim Holstentor lag die Gaststätte „Holstentor-Café", in der sogar abends getanzt wurde. Da mussten wir aber schon etwas älter sein, erst dann durften wir länger aus dem Hause gehen. Ganz Mutige trauten sich zum „Schwoof" in die „Hanseaten-Diele" in der Königstraße, ins „Vaterland"

Jetzt gehen wir schwofen.

in der Eschenburgstraße, ins „Café Opera" in der Beckergrube (in der Nähe des Theaters gelegen) oder in den „Kahn" bei der Puppenbrücke.

Das „Riverboat" im Winter.

Manchmal muss man am Anlegesteg zum „Kahn" ein bisschen warten.

Später wurde ein Betonschiff auf der anderen Seite der Puppenbrücke am Kai befestigt, das Lokal nannte sich „Riverboat". Das war schon etwas ganz unerhört Neues. Keiner traute sich alleine hin, das ging nur mit der ganzen Clique. Vom Oberdeck aus konnte man durch eine Röhre ins Unterdeck rutschen. Da unten war es schön schummerig und es wurde Jazzmusik gespielt. Von Drogen war zu dieser Zeit keine Rede, aber es wurde „geschmöökt", was das Zeug hielt. Wie haben wir das bloß ausgehalten?

Weiter geht's!

Nur keine Müdigkeit vorschützen! Barbara und Thomas haben sich ausgeruht, sich an der Hotel-Rezeption einen kleinen Stadtplan von der Innenstadt besorgt und planen nun ihr Nachmittagsprogramm. „Weißt du, Thomas", meint Barbara, „die Silhouette der Altstadt erinnert mich ein bisschen an eine Zwiebel, die jemand aus Versehen breit getreten hat. In der Mitte sieht man noch den Wurzelansatz, davon gehen seitlich die Adern ab." Recht hat sie, in der Mitte laufen die beiden Hauptstraßen, seitlich gehen die Nebenstraßen wie Rippen zum Wasser runter.

Jetzt haben die beiden aber Kaffeedurst und wollen „konditern" gehen, natürlich bei Niederegger. Das ist nicht weit von ihrem Hotel entfernt (wie überhaupt alles in der Innenstadt verhältnismäßig dicht beisammenliegt). Sie gehen also die Holstenstraße hoch, seitlich links liegt der Marktplatz. Sie gehen unter den Rathausarkaden hindurch und schon stehen sie vor der Fassade des Niederegger-Hauses. Touristen und Einheimische drängen sich an der Eingangstür. Drinnen wird man überwältigt von einem Angebot an Marzipanprodukten in allen Variationen. Doch damit nicht genug, es gibt auch Torten, Kuchen und Gebäck. Man weiß gar nicht, was man nehmen soll.

Unser Pärchen geht hinauf in den ersten Stock und hat Glück. Es wird gerade ein Fensterplatz frei mit Blick auf die gegenüberliegende Lübecker Rathaustreppe. Optimal! Das „Fräulein" Bedienung kommt und nimmt die Bestellung entgegen: „Zweimal Lübecker Nusstorte und dazu noch für jeden einen Hanseaten, bitte." Bei Letzterem handelt es sich um zwei etwa handtellergroße runde Mürbteigkekse, die in der Mitte mit Konfitüre „zusammengebackt" sind. Auf dem oberen Keks befindet sich ein Puderzuckerüberzug, eine Hälfte in weiß, die andere in rot. Das sind die lübschen Farben. Ein Kännchen Kaffee für jeden rundet die Sache ab.

Nach einiger Zeit sind die beiden fit „für neue Schandtaten". Inzwischen hat man ihnen empfohlen, das im zweiten Stock des Hauses befindliche Marzipanmuseum zu besuchen. Das machen sie gerne. Oh, was sind die Marzipanmodelleure doch für Künstler! Lebensgroße Figuren aus der Historie sitzen gemeinsam am Tisch, einige stehen dahinter. Alte Modeln (Holzformen für Marzipanfiguren) sind hinter Glas ausgestellt. Und dann noch die Geschichte der Dynastie Niederegger! Der 1777 in Ulm geborene Konditorgeselle Johann Georg Niederegger ging (wie damals üblich) auf

Wanderschaft, blieb in Lübeck und gründete 1806 die heute weltberühmte Firma. Sie ist bis heute im Familienbesitz und wird in siebter Generation von Herrn Holger Strait und seiner Ehefrau Angelika geleitet. Die verstorbenen Familienangehörigen einschließlich des Firmengründers haben ihre Grabstätten alle auf dem St.-Lorenz-Friedhof, hinter dem Lübecker Hauptbahnhof.

Nach dem Besuch in der Konditorei gehen unsere Besucher über den Marktplatz zur Marienkirche hinüber. Davor auf der Bank sitzt der kleine metallene Teufel und ärgert sich, dass aus seinem von ihm geplanten Gasthaus eine große Kirche geworden ist. Die Touristen haben Mitleid mit ihm und streichen ihm liebevoll über den Kopf. Daher sieht er an einigen Stellen schon ganz blank geputzt aus.

Drinnen staunen Barbara und Thomas über die hohen Gewölbe und die vielen Seitenkapellen. Unter den Türmen befindet sich, durch ein Gitter abgetrennt, die Stelle, wo die ehemaligen Glocken, mitsamt den Türmen im Zweiten Weltkrieg durch Bomben zerstört, abgestürzt sind. Die zerborstenen Glocken liegen noch dort, wo sie seinerzeit in den Fußboden eingeschlagen sind. Jeder Mensch, der dort steht und in Nachdenken versinkt, hat nur einen Wunsch: Nie wieder Krieg.

Das Pärchen verlässt die Kirche und stößt auf der Rückseite auf das Buddenbrookhaus. Unser Lübecker Dichter und Nobelpreisträger Thomas Mann hat um 1900 herum den weltbekannten Roman „Die Buddenbrooks" geschrieben und bekanntermaßen die Geschichte seiner eigenen Familie mit den Romanfiguren verflochten. Letztendlich weiß man manchmal nicht, was ist „Mann", was ist „Buddenbrook". Bei dem Buddenbrookhaus handelt es sich aber nicht etwa um das Elternhaus des Dichters, sondern um das Haus seiner

Großeltern Marty. Die Geschwister Heinrich, Thomas, Julia und Carla Mann haben sich gerne und oft dort aufgehalten. Lediglich der spätgeborene Viktor Mann verließ bereits als Zweijähriger gemeinsam mit seiner Mutter Lübeck, wuchs in München auf und nannte seine erwachsenen Brüder Onkel Heini und Onkel Thomas.

Die Touristen holen sich Informationen aus dem Museumsshop des Buddenbrookhauses und wandern weiter die Breite Straße hinunter und wieder hinauf. Barbara und Thomas bemerken, dass viele Straßen „Gruben" heißen und von oben hinunter an das Wasser führen, an die Untertrave. Inzwischen liegt der Koberg vor ihnen mit der umliegenden Bebauung. Vom Heiligen-Geist-Hospital, wo früher die unbemittelten Alten eine bescheidene Bleibe in „Kabäuschen" fanden, erklingt gerade der Glockenschlag zur vollen Stunde. Aus der Jacobi-Kirche – der Schifferkirche – ist Orgelmusik zu hören, der Organist übt für sein nächstes Kirchenkonzert.

Barbara und Thomas gehen hinein und entdecken die wunderbare Akustik dieses Gotteshauses. In einer abgeteilten Ecke steigen sie ein paar Stufen empor und befinden sich an einer Gedenkstätte für die untergegangenen Seeleute des Segel-Schulschiffes „Pamir". Dort liegen die Überreste des zerschmetterten Beibootes.

So vornehm kann man in Lübeck wohnen – Das berühmte Buddenbrook-Haus.

Das Schiff selbst ist 1957 bei der Umrundung von Cap Horn während eines schweren Sturms untergegangen. Nur wenige Seeleute haben überlebt. Unter den Ertrunkenen befanden sich auch junge Leute aus Lübeck.

Wieder auf der Straße, sehen Barbara und Thomas sich die Fassade des alten Gasthauses „Schiffergesellschaft" an. Da wollen sie mal zu Abend essen. Aber jetzt noch nicht, sie haben die Torte von vorhin noch nicht verdaut. Da fällt ihnen die Straße „Engelsgrube" auf. Heißt die so, weil die Kirche gegenüberliegt? Nein, sie heißt eigentlich Englische Grube (auf plattdeutsch Engelsche Groov). Sie führte zu den englischen Schiffen, die dort unten an der Trave ankerten. Auch zweigt im unteren Grubenbereich die Straße „Engelswisch" ab. Das bedeutet eigentlich „englische Wiese". Das erste Stück der Engelsgrube geht recht steil bergab (jedenfalls für Lübecker Verhältnisse). Oben über der Straße führen drei gemauerte Schwibbögen von einer Hauswand zu der auf der anderen Seite befindlichen Hauswand. Im unteren Teil der Grube findet man viele kleine Torbögen mit Durchgängen, hinter denen Gänge oder Höfe liegen. Die Bebauung erinnert an Spitzweg-Idylle. Früher war es keineswegs eine solche, denn arme Leute wohnten unter sehr beengten Verhältnissen. Die sanitären Einrichtungen waren aus heutiger Sicht katastrophal. Nur die Pumpe im Hof gab fließendes Wasser ab.

Heute sind viele Buden und Ganghäuschen liebevoll saniert. Einige werden an Touristen vermietet, die sich in die „Gangmentalität" versetzen wollen. Nicht immer zur Freude der ständigen Bewohner der übrigen Ganghäuser.

An der Untertrave angekommen, sind einige am Kai verankerte Oldtimer-Schiffe zu sehen. Oft sind mehrere Leute Inhaber dieser Schiffe und halten sie gemeinschaftlich instand. Nun kommt wieder das Holstentor in Sicht. Na, dann kann ja das „Lysia" nicht weit sein. So überschreitet das junge Touristenpaar die Holstenstraße und sieht sich auf der anderen Straßenseite am Anfang der „Obertrave". Die Bebauung ist vielfältig. Man erkennt nach einigen anderen großen Häusern die Fassade der Schleswig-Holsteinischen Musik-Hochschule an der Ecke Petersgrube. Dort studieren viele junge Leute aus aller Welt sowohl Instrumentalmusik als auch Gesang. Das Studienangebot ist breit gefächert und reicht von Schulmusik bis Popularmusik, über Orgelstudium bis zum Unterricht an den schwierigsten Instrumenten. Die Nachfrage ist groß, die Aufnahmeprüfung streng und die Ansprüche sind hoch. Viele namhafte Künstler sind aus dieser Schule hervorgegangen.

Weil die Studentenzahl stark angewachsen ist, hat man vor einigen Jahren eine Fußgängerbrücke über die Trave gebaut, damit die Studenten (und auch andere Leute) leicht übers Wasser auf die andere Seite kommen. Dort befindet sich in der Nähe des Holstentores die Holstenhalle. Sie wurde früher gern als Halle für Sportveranstaltungen oder Ausstellungen

Schiffergesellschaft mit Engelsgrube.

genutzt. Nun ist sie umgebaut und bietet viele kleine Zimmer zum Üben für die Studenten. Auch ein großer Probenraum für Chorproben ist vorhanden.

Die Bebauung auf der Obertravenseite wird immer kleiner. In Höhe der Dankwartsgrube und der Dankwartsbrücke beginnt der „Malerwinkel", so genannt, weil man von der gegenüberliegenden Seite so einen schönen Blick auf dieses Häuserensemble und die dahinterliegende Petri-Kirche hat. Manch ein Hobby-Maler, aber auch Berufsmaler haben diesen Blick als Motiv für ein schönes Bild gewählt. Doch diese Idylle ist zeitweilig von Hochwasser bedroht. Wir haben hier an der Ostseeküste zwar nicht Ebbe und Flut wie an der Nordsee. Aber wenn der Wind von Osten kommt, treibt er die See in die Trave hinein bis nach Lübeck. Und an der Obertrave schwappt das Wasser über, weil die Straße teilweise sehr tief liegt. Daher haben die Anwohner vorgesorgt und ihre Haustüren mit Schiebevorrichtungen versehen, in die bei Hochwasser Metallplatten gelassen werden, um das Schlimmste zu verhindern. Mit vollgelaufenen Kellern und feuchten Fluren haben die Leute im Laufe der Zeit zu leben gelernt. Wer an der Obertrave wohnt, nimmt so etwas in Kauf. Es dauert ja nicht lange. Das Wasser treibt wieder hinaus in Richtung Ostsee, wenn die Windrichtung wechselt. Dann hat man Niedrigwasser. Für heute soll es genug sein mit Angucken. Morgen geht es für Barbara und Thomas nach Travemünde.

Guten Appetit! Vereine laden zum Essen

Von großer Beständigkeit präsentieren sich die Vereine in Lübeck, von denen manche schon vor mehreren Jahrhunderten gegründet wurden. Sie sind bis in die heutige Zeit hinein lebendig geblieben. Traditionen werden wie selbstverständlich fortgeführt und mit Neuem ergänzt. Da finden sich die Jungen und die Alten zusammen, sei es in Sportvereinen, Studentenverbindungen, Instrumental- oder Singkreisen. Es ist für jeden etwas dabei.

Einige Vereine laden regelmäßig zu einem gemeinsamen Essen ein, wobei nicht nur das Dargereichte, sondern auch die Form der Veranstaltungen Außenstehenden befremdlich erscheinen mag. Ganz anders für die Beteiligten, die sich in guter alter Tradition wissen. Sind ja auch fast nur Männer …

Die Kringelhöge

Die Kringelhöge ist seit alters her eine Zusammenkunft der Stecknitzfahrer. Sie befuhren mit ihren Kähnen den Stecknitzkanal, in seinem Verlauf etwa dem heutigen Elbe-Lübeck-Kanal folgend. Ihren Wohnsitz hatten die meisten im Quartier um die Obertrave, dicht an der Trave. Einmal im Jahr, am zweiten Dienstag nach Dreikönigstag, treffen sich bis heute die ehemaligen Mitglieder und ihre Nachkommen sowie geladene Gäste zur „Kringelhöge".

Die Schaffer würden sich freuen, Sie an diesem Morgen begrüßen zu dürfen. Nach alter Tradition wollen wir mit Ihnen unsere Kringelhöge feiern. Da die traditionelle Tellersammlung nicht mehr stattfindet, erheben wir mit dem beiliegenden Überweisungsträger einen Unkostenbeitrag in Höhe von 30,- € pro Person. Diesen überweisen Sie bitte bis zum 05. Januar 2013. Wegen der begrenzten Platzanzahl ist das Datum des Geldeinganges maßgebend für Ihre Teilnahme am Fest.

Es sind nur „Mannsleute" zugelassen – Frauen erst zum abendlichen Festball. Die Ansprüche sind hoch und die Gaststätten, in denen man zusammenkommt, haben im Laufe der Zeit schon mal gewechselt, wenn man mit den Gegebenheiten vor Ort nicht zufrieden war.

Die Kringel sind ein zu Brezeln geformtes Gebäck, „högen" bedeutet „vergnügt sein". Und das hat seine Tradition. Früher waren es Waisenkinder, die Lieder sangen und dafür Brezeln geschenkt bekamen. Heute kommen Schulkinder in diesen Genuss. Aber singen müssen sie auch.

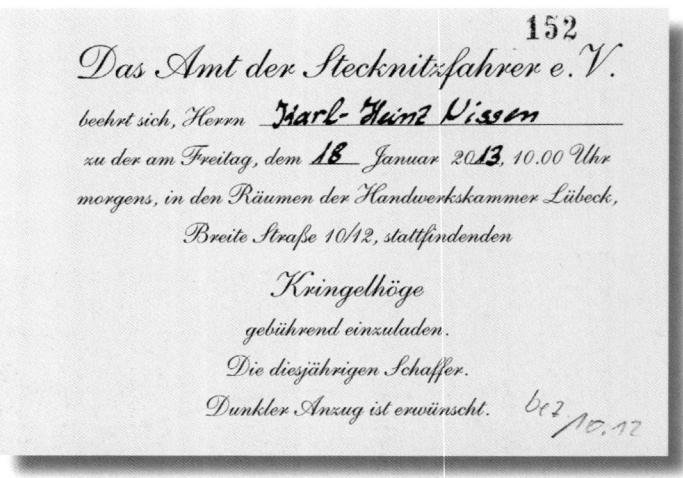

Die Gäste sitzen an langen Tischen, Aufschnitt, Schinken und Eier haben sie selbst mitgebracht. Das alles wird von den „Schaffern" (noch in der Ausbildung befindliche Zunftmitglieder) eingesammelt und mit Brot auf den Tischen serviert. Man bedient sich. Es wird Braunbier getrunken, das aus riesigen Fässern abgezapft und in zinnerne Kroosen (Krüge) gefüllt wird, die die Runde machen. Dazu sagt man zu seinem Sitznachbarn: „Ik drink di to!" (Ich trinke dir zu).

Er bekommt als Antwort: „Dat do!" (Das tue!). Wenn man einen zünftigen Schluck genommen hat, gibt man die Kroose weiter mit der Bemerkung: „Ik mag nich mehr!" (Ich mag nicht mehr!). Die Antwort kommt prompt: „Giff mi mal her!" (Gib mir mal her!).

Doch nicht nur der Biergenuss kann für die Gäste durchaus anstrengend werden, im Raum hängt nämlich außerdem eine dicke Wolke, was insbesondere für Nichtraucher schwer zu ertragen ist. Das liegt an den Tonpfeifen, die jeder vor sich liegen hat. In zinnernen Schalen stehen Tabak und Holzspäne bereit, bei denen man sich bedient. Wer seine Pfeife nicht mit einem einzigen Span über brennendem Kerzenlicht anzündet, wird bestraft. Nach Abschluss der Zusammenkunft ist mancher nicht mehr ganz standfest und muss von seiner herbeigeeilten Ehefrau nach Hause gebracht werden. „Ik drink di to!" – „Dat do!"

Der Lübecker Seglerverein, Jochen Kulbors und Pythagoras

Einmal im Jahr trifft sich der Lübecker Seglerverein im Vereinshaus an der Wakenitz zum Eisbeinessen (mit Sauerkraut, Kartoffeln und Erbspüree). Und regelmäßig entsteigt zu diesem Ereignis der Wassergott Jochen Kulbors (Kaulbarsch) dem Wasser und kreuzt bei den Gästen auf. Dunkles Ölzeug hat er an und einen Südwester auf dem Kopf, tief in die Stirn gedrückt. Falls er von Natur aus keinen Bart hat, wird ihm einer angeklebt, und er wird auch sonst schön schauerlich zurechtgemacht. Grob ist er in seinem Wesen und achtet darauf, dass den ganzen Abend nur plattdeutsch gesprochen wird. Wenn er einen beim „geel snacken" (hochdeutsch reden) erwischt, kommt er mit seinem Holzkasten angelaufen und hält ihn dem Sünder unter die Nase. „Een Schien mutt rin, aver ganz liesen, ik will nix höörn!" (Ein Schein muss rein, aber ganz leise, ich will nichts hören.)

Alles hört auf mein Kommando! Jochen Kulbors in Aktion.

Wenn sich ein Tisch zu laut unterhält oder Lärm macht, ist Kulbors da und hält den Holzkasten hin, und alle, die an diesem Tisch sitzen, müssen bezahlen, auch die, die nicht laut waren. Es wird kräftig geraucht und zwar ausschließlich Pfeife (die Meister die größten, Gesellen die mittlere Größe und Lehrlinge die kleinen). Zigaretten sind verboten und werden von Kulbors als „Dummejungen-Zigarren" bezeichnet. Jedenfalls haben alle viel Spaß an dieser Veranstaltung. Aber wo bleibt man mit dem Geld? Beim nächsten Vereins-Segelwettbewerb bekommt der Sieger den Jochen-Kulbors-Preis. Und man freut sich schon auf das Eisbeinessen im folgenden Jahr, bei dem natürlich alle ein weißes Lätzchen vor der Brust haben, damit sie sich beim Essen nicht bekleckern (ein „Klackerbuschen" eben.) Hatte ich es noch nicht erwähnt? Dieses Treffen ist nur etwas für die männlichen Vereinsmitglieder.

Und da der Seglerverein für sein Eisbeinessen berühmt ist, gibt es inzwischen auch andere Vereinigungen, die sich zu Eisbein mit Sauerkraut dort treffen. Meistens werden zwei Sorten Eisbein angeboten, einmal frisch und einmal gepökelt. Das Erbspüree ist selbstverständlich selbst hergestellt (aus gelben Erbsen) und nicht etwa aus der Tüte oder der Dose. Wenn dann noch Zwiebelscheiben in der Pfanne geschmort und anschließend auf dem Püree verteilt werden, läuft einem schon das Wasser im Mund zusammen. Das Sauerkraut wird mit Äpfeln und Zwiebeln angereichert, mit Lorbeerblättern und Wacholderbeeren abgeschmeckt, duftet fantastisch und ist auch sehr hilfreich, um eine träge Verdauung wieder in Schwung zu bringen.

Es ist die Vereinigung des „Pythagoras", Studierende der Fachrichtungen Hoch- und Tiefbau und Architektur sowie die „Alten Herren", die vor längerer Zeit ihr Studium erfolgreich absolviert haben, die sich ebenfalls gerne zu dieser Mahlzeit trifft und zwar im Logenhaus in der St.-Annen-Straße. Wie schon anderweitig üblich, sind nur Herren geladen.

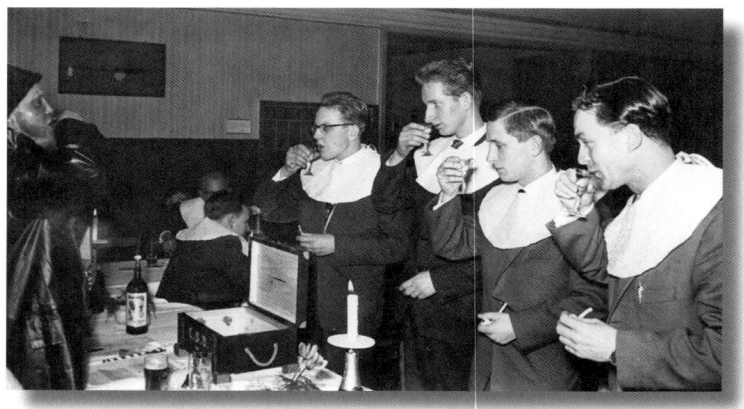

Rünner mit den Kraam! Männer des Lübecker Seglervereins mit Klackerbuschen, dem traditionellen weißen Lätzchen.

Gediegen, nicht? Aber etwas hat sich gegenüber früher doch geändert. Weibliche Studenten dieser Fachrichtungen, die ihr Studium erfolgreich abgeschlossen haben, dürfen kommen und mitessen und heißen dann – mit ihrer Zustimmung – „Alte Herrinnen". Andere Damen, z. B. Ehefrauen der Vereinsmitglieder werden nicht „berücksichtigt". Einige Damen, ob eingeladen oder nicht, legen auch gar keinen Wert aufs Eisbeinessen, es ist ihnen einfach zu fett. Trotzdem guten Appetit Allemann! Übrigens hat der „Pythagoras" früher wunderschöne Kostümfeste veranstaltet und zwar in Bad Schwartau in der legendären „Waldhalle", die inzwischen abgerissen worden ist.

In der Waldhalle in Bad Schwarzau feierte früher die Studentenvereinigung Pythagoras.

Grünkohlessen

Jedes Jahr zur gleichen Zeit finden bei vielen Vereinen (den meisten) die beliebten Grünkohlessen statt, natürlich in der kalten Jahreszeit, wenn der Kohl seinen ersten Frost gehabt hat. Apropos schmecken: alle Vereinsangehörigen unterhalten sich nach dem Essen darüber, ob der Grünkohl „spitzenmäßig" oder nur „mäßig", das Rückenkassler nicht zu salzig, die geräucherte Schweinebacke nicht zu fett und die Kohlwurst gut gewürzt war. Wenn etwas nicht so ausgefallen ist wie man es sich gewünscht hat, wird im nächsten Winter der Wirt gewechselt – gnadenlos.

In einigen Gaststätten bekommt man sein Fleisch auf dem Essteller zugeteilt, Grünkohl und gebratene Kartoffeln werden in extra Schüsseln serviert. Eigentlich sollten die Kartoffeln ganz klein sein – eben „Kartöffelchen". Aber das ist in der Vorbereitung kaum zu schaffen, viel zu viel Aufwand, gerade wenn viele Gäste erwartet werden. So tun es auch größere Kartoffeln, die man in Scheiben schneidet und mit

Speck und Zwiebeln anbrät. Oder man lässt die Kartoffeln karamellisieren, indem man dem Bratfett Zucker zusetzt und anschließend fleißig den Pfanneninhalt wendet. Gerne nehmen einige Gäste noch ein bisschen Zucker, um ihn über den Grünkohl zu streuen. Zuckertöpfe stehen auf dem Tisch, außerdem Schalen mit mittelscharfem Senf, um dem Fleisch, der Wurst und der Schweinebacke noch ein bisschen mehr Würze zu geben. Wer es geschafft hat, seinen Teller leer zu essen und vielleicht sogar einen Nachschlag möchte, sollte sich das besser verkneifen, um nicht als „verfressen" zu gelten.

Ganz anders kann es in den Dorfgasthöfen zugehen. Vor dem Gast steht ein vorgewärmter, leerer Essteller und dann kommen die großen Platten auf den Tisch, vollgepackt mit glänzenden Kasslerscheiben, die nächste Platte ist mit der geräucherten Schweinebacke bestückt, auf der dritten befindet sich ein Berg Grünkohl, darüber sind die Kohlwürste dekoriert, die in ihrer Anordnung an Rippen erinnern. Große Schüsseln mit Bratkartoffeln, Senf- und Zuckertöpfe stehen auf dem Tisch. Und nun kann das „Spachteln" losgehen. Niemand hat Hemmungen, sich mehrfach zu bedienen (das tun ja die meisten). Oft artet dieser Vorgang in Völlerei aus, aber so ein Angebot hat man ja nicht jeden Tag. Ein Klarer hilft bei der „Verteilung". „Wohl bekomm's!"

Eine kleine Anmerkung: In der bremischen Gegend, wo man dieses Essen auch sehr schätzt, sagt man zu Grünkohl „Braunkohl". Warum eigentlich? Steht der Kohl auf dem Feld, ist er grün, wenn er geschmort auf den Tisch kommt, auch. Vielleicht ist die Farbe nicht mehr ganz so frisch, aber immerhin noch grün. Außer man hat ihn anbrennen lassen, dann soll er wohl braun werden. Die Pinkelwurst heißt so, weil sie im Katen unter dem Dach einige Zeit dem Rauch ausgesetzt ist. Während dieses Vorganges fängt sie an zu pinkeln, d. h. sie gibt das überschüssige Fett ab, das auf den Fußboden tropft. Hier in Lübeck essen wir allerdings keine Pinkelwurst. Also, liebe Bremer und „üm to", nichts für ungut und auch bei Ihnen guten Appetit!

Matjes ohne Mädchen

Matjes gibt es das ganze Jahr über und nicht nur im Mai, wenn der Hering noch ganz jungfräulich ist und zu Matjes verarbeitet wird. Dann ist er besonders zart und mild. Aber auch in der Winterszeit findet er viele Anhänger, wie die Einladung der Lübecker Ruder-Gesellschaft am Buß- und Bettag zeigt. Die Grundlage dieses Essens sind natürlich die Pellkartoffeln – festkochende bitteschön! Dann wird dazu eine weiße Soße serviert aus Quark, saurer Sahne, mit frischen Zwiebeln und frischer Gurke angereichert und zusätzlich die sogenannte Speckstippe. Wenn wir mal von der Speckstippe absehen, dann hört sich das doch alles sehr gesund an – im Gegensatz zu den vorher beschriebenen Köstlichkeiten. Im übrigen legen die Rudersportler wohl Wert auf eine schmale Taille. Ein Bauch wäre ihnen beim Durchziehen der Skulls und Riemen, während sie im Boot sitzen und sich gegen die Stemmbretter stemmen, wohl zu sehr im Wege.

Natürlich ist die Lübecker Rudergesellschaft ein reiner Männerverein (LRG). Mehr muss ich wohl zum Matjesessen nicht sagen. Aber die Frauen rächen sich. Es gibt nämlich auf dem gleichen Gelände die Lübecker Frauen-Rudergesellschaft (LFRG). Die haben ihre eigenen Zusammenkünfte. Was aber nicht bedeutet, dass sich die beiden Vereine feindlich gegenüberstehen. Es hat schon so manche „Vereinigung" zwischen Ruderern und Ruderinnen gegeben, die fürs Leben gehalten haben oder noch halten.

Bohnen, Birnen und Speck

Dieses Essen ist nun wirklich nicht jedermanns Sache. Man muss es mögen. Auch in Mecklenburg ist es bekannt, wo man sowieso gerne süßsauer isst. In Hamburg ist es nicht anders mit der Aalsuppe. Bohnen, Birnen und Speck gehen so: Die grünen Bohnen werden mit Birnen (möglichst berre gris oder Bergamotten aus eigener Ernte) oder, wenn nicht zur Hand, kleinen Birnen zusammen gekocht und dem Kochwasser Scheiben durchwachsenen Specks beigefügt – nicht zu vergessen das Bohnenkraut für die zusätzliche Würze. Das Gekochte ergibt eine eigentümliche Mischung aus süßem und Räuchergeschmack. Die Birnen werden mit Schale gekocht, die Kerne werden nicht entfernt, ebenso wenig wie der Stengel. Was stört, müssen die Gäste schon selbst entfernen. Dazu werden gekochte Kartoffeln gereicht.

Und welcher Verein isst so etwas und zu welcher Jahreszeit? Das macht die „Plattdütsche Volksgill to Lübeck", und zwar im Juli jeden Jahres. Es gibt auch Leute, die gehen aus Verbundenheit zum Verein mit zum „Bohnen-, Birnen- und Speck-Essen", bestellen sich aber lieber etwas anderes „à la carte". Die anderen „Maten" tolerieren das. Eine Trennung nach Weiblein und Männlein findet hier nicht statt. Das ist doch toll!

Im Übrigen wird dieses Gericht im Sommer von einigen Gaststätten in Lübeck und Umgebung als Spezialität angeboten. Es gibt immer Leute, die sich dafür erwärmen können. Na, jeder soll nach seiner Fasson selig werden (auch was das Essen betrifft).

Ein Tag in Travemünde

Travemünde, die schönste Tochter Lübecks, ist mit dem Bus oder Zug zu erreichen. Natürlich kann man die ca. 20 km auch radeln oder das eigene Auto nehmen (das tun inzwischen die meisten). Unser Touristenpärchen Barbara und Thomas hat sich für die Zugfahrt entschieden. Der Bahnhof liegt ja nicht weit entfernt vom Hotel. Das Wetter spielt mit, und sie erreichen den Bahnhof „Hafen" in Travemünde nach ungefähr 20 Minuten Zugfahrt. Oh, was drängeln sich dort die Leute, laufen an alten Fischerhäuschen, inzwischen liebevoll restauriert, vorbei und befinden sich nach kurzer Zeit auf der „Vorderreihe". Segelboote sind an den Stegen vertäut, Ausflugsboote fahren auf die See hinaus, einige sind als „Butterschiffe" ausgewiesen.

Tanztee im Casino Garten in den 50er-Jahren.

Die beiden bummeln an den Läden vorbei, die zum Einkaufen verlocken. Am Ende der Ladenzeile wählt das Paar den Weg entlang am Wasser und erreicht kurz darauf die Mole. Gegenüber auf der anderen Seite liegt die Halbinsel Priwall, auf der man seinen Urlaub verbringen oder einfach nur baden kann. Das Segelschulschiff „Passat" dient als Ort für Führungen und Festlichkeiten. Die „Passat" gehört übrigens zu den sogenannten P-Linern und ist das Schwesterschiff der untergegangenen „Pamir".

Nachdem unser Paar an der Mole angelangt ist, weht ihnen von See eine leichte Brise entgegen. Das ist bei uns immer so und hält den Kopf klar (wenn es nicht gerade ein Orkan ist, der uns „überfällt"). Mit Föhn können wir hier oben nicht dienen.

Der Zeltplatz auf der Halbinsel Priwall in den 50er-Jahren.

Man kann wunderbar auf der Promenade entlangschlendern, vorbei am imposanten Bau des Casinos, wo früher im dazugehörigen Nightclub „La belle Epoche" weltberühmte Künstler auftraten, so wie das „Hazi-Osterwald-Sextett" und „Marleen Charell". Im Casino-Garten fanden im Sommer die nachmittäglichen Tanz-Tees statt. Einmal im Jahr gab es etwas Besonderes für die Kurgäste: einen Je-ka-mi-Abend. Das bedeutete, jeder kann mitmachen. Man musste nur so viel Selbstvertrauen haben, auf die Bühne zu gehen und etwas darzubieten, von dem man meinte, es würde den Zuschauern gefallen. Das Angebot war breit gefächert und reichte von Gesang, Instrumentalmusik, Komik bis Kabarett. Zum Schluss wählte die Jury die drei besten Vorträge aus, die mit Preisen belohnt wurden. Das Publikum sparte nicht mit Applaus.

Zuschauen und Hören – so machte der Je-ka-mi-Abend richtig Spaß. Dieses Foto entstand Ende der 50er-Jahre.

Ein Stück nach dem Casino endet die Promenade, und das Brodtener Steilufer kommt in Sicht. Der Weg führt bergauf und man hat von oben einen zauberhaften Blick über die Lübecker Bucht. Unten am Wassersaum liegen große und kleine Steine. Wir befinden uns am Brodtener Ufer auf einem Wanderweg, der Travemünde mit dem nächst gelegenen Fischerort Niendorf/Ostsee verbindet. Dieser Landschaftsabschnitt ist der Witterung ungeschützt ausgeliefert.

Das Ufer bröckelt, einiges an Sand und Bäumen wird unterspült, manches stürzt herunter. Fast jedes Jahr muss der Wanderweg ins Land hinein verlegt werden, weil es sonst für die Spaziergänger zu gefährlich wäre und sie abstürzen könnten. Dazu ein kleines plattdeutsches Gedicht, das diesen Zustand treffend beschreibt:

Brodtener Över

Dat Water kümmt un spöölt un ritt,
nimmt Sand un Plant un allens mit,
stört dal, wat nich mehr seker is,
un dörch de Eer geiht deep een Riss.

De Wellen fluustert vör sik hen,
schwappt över grote Steen un denn
smitt sik een däägten Storm dorgegen
un kriggt noch Hölp vun`n Duurregen.

Den Weg vun gistern findst` nich mehr.
Een lütte Eek leggt sik verqueer.
Ehr Wötteln ragen piel in`n Enn
un wiesen nah den Häven hen.

De Ostsee nimmt sik doch wat rut
un höhlt dat Brodtener Över ut.
Un wo blifft s` mit den ganzen Sand? ...
Den smitt s` nahst in Tra`münn an Land.

Dicht bi de Mool, dor kannst` dat sehn.
Dor is de Strand so breet un schöön

un kriggt noch jümmers wat dorto.
Uns schient dat meist, dat blifft ok so.

Gah mal spazeern an`t Brodtener Över
un maak di poor Gedanken dröver.
Dat is je woll as oft in`n Leven,
den een ward`t nahmen, den annern geven.

Der Wanderweg am Brodtener Ufer zwischen
Travemünde und Niendorf.

Die frische Seeluft macht Barbara und Thomas müde und
hungrig. Aber gegessen wird erst heute Abend und zwar in
der Schiffergesellschaft am Koberg. Eine Spezialität des
Hauses ist das Seemannsgericht „Labskaus". Das wird aus
gepökeltem, gekochtem Rindfleisch und weich kochenden
Kartoffeln zubereitet, abgeschmeckt mit roter Bete und Es-
sig und eventuell Matjes. Die Zutaten werden schön durch
die Küchenmaschine „gejagt" und erscheinen dann als Brei
in einer nicht definierbaren Farbe wieder, der heiß in eine
Terrine gegeben wird. Der gefüllte Essteller des Gastes wird
mit einem Spiegelei dekoriert. Auf einem Extrateller werden

rote Bete, ein Matjesfilet und Gewürzgurke serviert. Nicht jedermanns Sache, aber Barbara und Thomas hat es geschmeckt. Aber nun schnell ins Hotel! Morgen früh ist Abreise. Hat es euch gefallen in Lübeck? Wenn ja, dann kommt bald mal wieder. Angenehme Heimreise!

Jetzt wird's lustig!

F(r)isch auf den Tisch

Anfang bis Mitte der 50er-Jahre, als wir noch keine Supermärkte hatten, sondern viele Eckläden, kam im Stadtteil St. Jürgen jeden Freitag Fischmann Schumacher mit seinem Dreiradauto Marke „Tempo" angebrettert und hielt bei uns in der Trendelenburgstraße. Er stieg aus, schlug die Persenning-Abdeckung, die den hinteren Teil seines Wagens bedeckte, zurück, nahm eine Glocke zur Hand, stellte seine Geldkassette bereit und fing an zu bimmeln. Dann rief er mit durchdringender Stimme und lang gezogenem Singsang: „Frrische Fische! Travemünder Heringee, Goldbutt, Dorsch, Fischfilet, Bückel [geräucherte Heringe sind Bücklinge, B. F.]." Er bimmelte noch einmal kräftig, und dann kamen die Hausfrauen mit ihren Emaillewannen aus den Haustüren gelaufen. Sie hatten schon hinter den Gardinen gestanden und gewartet – Freitag ist Fischtag.

Manche trugen ihre Kittelschürzen, die Haare waren unter Tüchern versteckt. Viele hatten Puschen (Hausschuhe) an. Und alle hatten es eilig, jede wollte die Erste sein, um nicht anstehen zu müssen. Wer tut das schon gerne?

Wie auch immer, alle wurden nach Wunsch bedient und es blieb Zeit für einen kleinen Schnack. „Hier Erna, hier hast du deine fünf Groschen wieder, die du mir neulich geliehen hast, weil ich mit meinem Geld nicht ausgekommen bin. Vielen Dank nochmals!" – „Och, da nich für! Das kann ja mal passieren."

Freitag war Fischtag und Goldbutt schmeckt prima!

Inzwischen hatte sich noch jemand zum Fischempfang gesellt, nämlich der wunderschöne cognakfarbene Cocker-Spaniel namens Romeo. Er gehörte dem Wirt des nahe gelegenen Lokals Hansahof. Wenn Romeo die Glocke des Fischmannes hörte, war er nicht zu halten. Er fraß zu gern Fisch, auch roh. Mit traurigen Augen sah er den Fischmann an und bettelte, was Romeo leicht fiel, stand ihm doch als Cocker-Spaniel die Traurigkeit per se ins Gesicht geschrieben. Der Hund konnte warten, das musste man ihm lassen. Er kam nämlich erst zum Schluss dran. Für ihn gab es Abfälle, die die Damen nicht haben wollten, wie abgeschnittene Fischköpfe, Flossen und Innereien. Romeo nahm alles gern entgegen und verspeiste es vor Ort. Dann lief er bis zum nächsten Halt mit, ließ es sich noch einmal schmecken und kehrte pappsatt nach Hause zurück. Bis zur nächsten Woche musste er nun warten!

Geibel Platz

Charlotte P. war seit einiger Zeit Witwe und musste sich erst daran gewöhnen, dass ihr Mann nicht mehr alles für sie entschied. So erschien sie manchem Mitmenschen etwas umständlich. Gerne fuhr sie mit dem Bus zur Stadt. Am Markt musste sie umsteigen in den Bus, der Richtung Burgtor fuhr. Sie wollte zu einer Veranstaltung für Senioren, die in einer Begegnungsstätte im Heiligen-Geist-Hospital stattfand. So sagte sie beim Einstieg in den neuen Bus zum Busfahrer: „Ich möchte zum Geibel-Platz. Können Sie mir bitte Bescheid sagen, wann ich aussteigen muss?"

Da sitzt er nun, unser berühmter Dichter Geibel und denkt sich bestimmt etwas Neues aus.

Eigentlich wusste Charlotte als alte Lübeckerin recht gut Bescheid, aber fragen kann man ja trotzdem mal. Der Busfahrer, recht jung und ein bisschen muffelig, antwortete: „Geibel-Platz? Kenn' ich nicht." Charlotte bekam es mit der Angst. War sie etwa in einen falschen Bus gestiegen? Sie fing an, den Geibel-Platz zu beschreiben. „Ach, Sie meinen die Haltestelle Koberg? Das hieß früher Geibel-Platz? Das habe ich nicht gewusst. Geibel? Ist das nicht das Denkmal mit dem alten Mann, der da seitlich auf einem Podest in der Ecke sitzt und nachdenkt?" – „Ja, ja, das ist er!" – „Na, dann sage ich Ihnen Bescheid, wann Sie aussteigen müssen."

Ach, Charlotte wusste es doch längst, dass es heute nicht mehr Geibel-Platz heißt. Sie hatte es nur vergessen. Und was mal im Kopf drin ist, geht so leicht nicht wieder heraus. Im Übrigen hatte Geibel einen vorzüglichen Platz mitten auf dem Koberg gehabt. Dann kam der Dichter ein bisschen aus der Mode, und man räumte ihm eine Art Schmollwinkel seitlich beim Heiligen-Geist-Hospital ein. Da sitzt er nun und seine Gedichte kennen wir: „Wer recht in Freuden wandern will" und „Der Mai ist gekommen", singen kann sie mancher auch. Vielleicht lässt sich der Geibel mal was Neues einfallen. Müssen andere Dichter ja auch.

Frau Grete

Wie sie wirklich heißt, ist mir entfallen, und wenn ich es wüsste, würde ich es nicht verraten, denn es war nicht alles gut, was ich (und andere) von ihr wissen.

Grete war eine Frau aus dem einfachen Volk und wuchs im Gängeviertel an der Obertrave auf. Sie hatte nie geheiratet und ließ sich von niemandem etwas sagen, von Mannsleuten schon gar nicht. Aber irgendwann muss sie schwach geworden sein und ließ sich ein Kind „andrehen". Das war sozusagen „auf den letzten Drücker", denn Grete war nicht mehr jung. Das Kind, ein Mädchen, blieb nun unehelich, war aber der ganze Stolz ihrer Mutter. Bis es schulpflichtig wurde nahm sie es überall mit hin und ließ es nicht allein. Grete war finanziell nicht gut gestellt und verdiente sich mal hier, mal da, etwas dazu. Sie kannte es nicht anders.

Eines Tages klopfte sie an die Tür eines Anwaltsbüros und begrüßte sehr herzlich das Personal in der Kanzlei, das im Vorzimmer arbeitete. Sie hätte ein kleines juristisches Problem, meinte sie. Aber es sei nicht so wichtig, deswegen müsse man nicht den Chef befragen, die Damen wüssten sicher auch Bescheid und könnten ihr raten. Und dann erzählte sie von ihrem Problem und wandte sich zielsicher an die Bürovorsteherin. Die könnte doch bestimmt etwas dazu sagen.

Während des Gesprächs machte sich die Tochter von der Hand ihrer Mutter los, ging neugierig durch den Raum und schaute den jungen Damen beim Tippen auf der Schreibmaschine zu. Als sie bei Elke K. angelangt war, sagte diese freundlich zu ihr: „Na?" Das ungefähr fünf Jahre alte Kind sah Elke misstrauisch an, schielte dabei entsetzlich und antwortete: „Arschloch!"

Da war es plötzlich ganz still im Raum. Die Mutter nahm ihre Tochter bei der Hand. Die Auskunft, die sie brauchte, hatte sie erhalten und zwar ohne zu bezahlen. Das Geld konnte man doch sparen, wenn man sich mit dem Vorzimmer verstand. So sagte sie „tschüüs" und empfahl sich. Wie sagt man in einem solchen Falle? Grete war nicht schlau, sie war bauernschlau.

Als Grete starb, musste die Tochter allein zurechtkommen. Sie war aber tüchtig und erreichte sogar eine Führungsposition. Aber das „Arschloch"-Sagen hat sie sich sicher verkneifen müssen.

Koks

Ulf hat Glück gehabt. Er konnte billig ein Reihenhaus in der Stadt erwerben, für „'n Appel und 'n Ei" wie wir hier so sagen. Es war nur etwas dabei: Das Haus war lange Zeit von einem alleinstehenden alten Mann bewohnt worden und ziemlich heruntergekommen, voller Müll und Dingen, die man nicht mehr brauchen konnte. Da musste Ulf die Ärmel hochkrempeln und aufräumen und wegwerfen. Zwei Container waren schon voll. Nun war Land in Sicht. Oben war alles leer. Aber im Keller, in einer abgeteilten Ecke, fand er Koks, ungefähr einen Zentner. Der musste schon lange Zeit dort liegen, denn das Haus war inzwischen auf Zentralheizung umgestellt worden. Das muss man ja nicht wegwerfen, ging es Ulf durch den Kopf, so etwas könnte vielleicht jemand gebrauchen, der noch Ofenheizung hatte. Also rief er beim „Lübecker Wochenspiegel" an. Dort konnte man kostenlos inserieren, wenn man etwas zu verschenken hatte. Die Rubrik nannte sich „Die gute Tat".

Als Ulf am Telefon mit einer jungen Mitarbeiterin des Blattes sprach, erzählte er ihr, dass er gern eine Anzeige aufgeben würde: „Koks zu verschenken." Die junge Frau holte tief Luft, fing an zu stottern und fragte noch einmal nach: „Das wollen Sie veröffentlichen? Koks zu verschenken? Das kann man doch nicht veröffentlichen! Ich muss mal mit meinem Kollegen sprechen!" Tuschel, Tuschel. Allmählich kam Ulf auf die Idee, er und das junge Mädchen könnten möglicherweise verschiedene Dinge meinen. So fragte er sie: „Was verstehen Sie eigentlich unter ‚Koks'? Sie stammelte ein bisschen herum: „Na ja, Kokain eben. Dazu sagt man ja auch Koks." – „Das meine ich aber gar nicht, ich meine Koks, mit dem man einen Ofen heizen kann." – „Ach so!" So etwas kannte die junge Frau nicht, nur Zentralheizung, Elektroheizung und Außenwandöfen. Ja, ja, die jungen Leute …

Die Anzeige wurde natürlich veröffentlicht und es meldeten sich gleich Leute, die den Koks abholten. Na bitte! Inzwischen hat Ulf das Haus renoviert, ist eingezogen und fühlt sich dort pudelwohl. In der Koksecke im Keller stehen nun Regale mit Konserven und anderen Nettigkeiten, die man zum Leben braucht. Koks ist nicht mehr dabei.

Krankenhaus Süd – Krankenhaus Ost

In meiner Kinder- und Jugendzeit (und auch später) gab es zwei städtische Krankenhäuser: Krankenhaus Ost und Krankenhaus Süd. Dahin kam man, wenn der Arzt eine Einweisung für nötig hielt. Heute heißt Krankenhaus Ost „Universitätsklinikum Schleswig-Holstein" (UKSH), und Krankenhaus Süd firmiert unter „Sana-Kliniken Lübeck GmbH". Die jüngeren Leute benutzen überwiegend die neueren Bezeichnungen, die Älteren reden auch heute noch von Süd und Ost. Ein Beispiel:

Elli und Tille treffen sich beim Einkaufen auf dem Wochenmarkt „Am Brink", an der Ratzeburger Allee gelegen. Nach allgemeinen Begrüßungsfloskeln fällt Elli plötzlich eine Neuigkeit ein: „Sag mal, Tille, hast du schon gehört? Heine Meier ist ins Krankenhaus gekommen!" – „Nee, das ist ja gediegen! Der war doch sonst immer so gut zuwege. Was fehlt ihm denn?" – „Er hat was gegessen, was ihm nicht bekommen ist. Und da musste er spucken, und dann kriegte er Magenschmerzen und dann ist es ihm fürchterlich durchgeschlagen. Da hat der Dokter ihn lieber eingewiesen." − „Wo ist er denn hin gekommen, nach Ost oder nach Süd?"− „Nach Süd, war ja ein gerades Datum, und dann hat Süd ja immer Aufnahme." Eine Woche später trifft Elli Heine Meier beim Einkaufen auf dem Wochenmarkt. Er ist wieder entlassen worden und zu Hause. „Moin, Heine, wieder auf'm Damm?" − „Jo!", antwortet er. Damit ist alles gesagt. Lübecker benutzen gern mal den Telegrammstil. Warum so viele Worte machen! In der Kürze liegt die Würze.

Telefonieren

Ja, das war in den 50er-Jahren so eine Sache mit dem Telefonieren. Wer hatte schon ein Telefon? Eigentlich nur die wichtigen Leute, z. B. der Doktor, die Hebamme, das Amt, der Kaufmann, der Kohlenhändler oder die Milchfrau. Die meisten gingen in die öffentlichen Telefonzellen, um zu telefonieren und das war dann etwas Besonderes.
War man guter Kunde beim Kaufmann, durfte man z. B. einen Verwandten ausnahmsweise anrufen lassen, wie Tante Anni vom Land, die nicht zum Kaffee kommen konnte, weil ihr etwas dazwischengekommen war. In solch einem Fall kam der Kaufmann schon mal selbst angelaufen (oder schickte ein Lehrmädchen) und richtete die Botschaft aus.
1957 war es so weit. Karin P. kam in die Lehre bei einem Rechtsanwalt. Sie erhielt ihren Arbeitsplatz an der Schreibmaschine und wurde angewiesen, sich am Telefon vernünftig zu melden, falls keine Kollegin im Zimmer ist. Oh Gott, bloß das nicht! Sie war ja von zu Hause aus nicht gewohnt, zu telefonieren. Das machte ihr Angst. Und wenn sie nun

keine Auskunft am Telefon geben könnte, was dann? Nach einer Woche geschah es, sie musste ans Telefon. Mit Herzklopfen nahm sie den Hörer ab und meldete sich mit „Guten Morgen, äh, Guten Abend, äh, Guten Tag." Am anderen Ende war offenbar jemand sehr verdutzt und holte erst mal Luft. Dann entwickelte sich aber doch noch ein vernünftiges Gespräch. Mit der Zeit legte Karin ihre Scheu vor dem Telefonieren ab. Später dann gelang es ihr sogar, sich an den Anrufbeantworter zu gewöhnen, wobei sie sich vorher genau überlegte, was sie auf das Gerät sprechen würde, bevor sie einen Klienten anrief.

Kinogruseln

In den 60er-Jahren lief im „City", in der Königstraße gegenüber dem altehrwürdigen Gymnasium „Katharineum" gelegen, der Film „Das Testament des Dr. Mabuse". Die Erstfassung kam 1933 unter der Regie von Fritz Lang auf die Leinwand. 1962 gab es einen neuen Film mit gleichem Titel. Die Regie führte dieses Mal Werner Klingler. Da musste Hedwig Hübner hin!

„Guten Morgen, Dr. Mabuse!"

Sie kaufte eine Karte für die letzte Reihe (da kann ja keiner von hinten kommen), nahm eine Tüte Studentenfutter vom Kiosk mit und setzte sich auf ihren plüschigen Sitz. Es war zu schön! Alle Zuschauer gruselten sich genauso wie Hedwig. Jeder war nach der Vorstellung ganz „benusselt".

Das wirkte wohl noch nach, denn am nächsten Tag, als Hedwig Kartoffeln aus dem Keller holen wollte, kam sie mit den Beinen „in Tütel", stürzte unglücklich die Kellertreppe hinunter und wurde bewusstlos. Eine Nachbarin fand sie und Hedwig kam sofort ins Krankenhaus Ost. Sie hatte sich eine Gehirnerschütterung zugezogen und es dauerte einige Zeit, bis sie das Bewusstsein wiedererlangte. Als sie wieder zu sich gekommen war, wusste sie zuerst nicht, wo sie sich befand und was passiert war.

An ihrem Bett stand ein junger Doktor mit weißem Kittel und lächelte sie freundlich an: „Na? Sind wir wieder da?" Nun fiel Hedwig ein, dass sie vorgestern im Kino war, und sie sagte hocherfreut zu dem jungen Mediziner: „Das ist aber schön, dass ich Sie endlich mal persönlich kennenlernen darf, Herr Dr. Mabuse." Da kann man mal sehen, wozu solche Gruselei führen kann!

Klack – bumm

Ja, ja, in der „Walkmühle", da war was los! Der große Saal war voller junger Leute, die lustig tanzten. Oben auf der Bühne spielte die Musikkapelle einen Walzer nach dem anderen.

Auch Erich, ein junger Mann, der auf einem Dorf in der Nähe Lübecks wohnte, war unter den Tänzern. Er war mit dem Rad gekommen. Zu Fuß war es doch ein bisschen zu weit. Nun hatte er ein junges Mädchen erspäht, das ihm ausnehmend gut gefiel. Wenn sie nun auch noch gut tanzen konnte, das wäre was. Er forderte sie auf, und sie konnte tanzen, sogar recht gut.

Die beiden tanzten den restlichen Abend zusammen, unterhielten sich prächtig. Als der Tanzabend zu Ende war, brachte Erich seine Dame nach Hause, das gehörte sich so. Lotti war zu Fuß da, der Heimweg dauerte eine knappe Stunde. Erich schob sein Rad an ihrer Seite. Manchmal versiegte der Gesprächsstoff. Plötzlich hörte Lotti mit einem leichten Schrecken, dass es immer „Klack-Bumm" machte, wenn Erich einen Fuß vor den anderen setzte. War Erich vielleicht ein bisschen gehbehindert? Schließlich hatte er am Zweiten Weltkrieg teilgenommen. Es könnte ja sein, dass er eine Verletzung am Bein zurückbehalten hatte. Sie mochte ihn aber nicht fragen. Beim Tanzen hatte sie von dieser Behinderung jedenfalls nichts gemerkt.

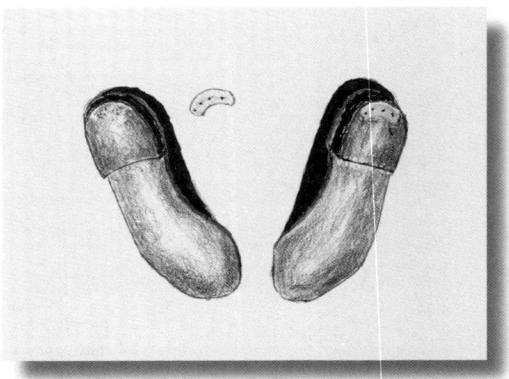

Früher gab es Schuhe mit einem
Eisen unter dem Hacken.

Als beide vor Lottis Haustür standen, bat Erich das junge Mädchen um ein Wiedersehen. Sie mochte nicht Nein sagen – aus Mitleid. So sahen sie sich wieder und verliebten sich ineinander. Dieses beunruhigende Geräusch hörte Lotti übrigens nie wieder. Schließlich fragte sie ihren Erich doch nach dem „Klack-Bumm", und er erklärte ihr, dass es an seinen Stiefeln gelegen hätte. Die hatten Eisen unter den Hacken und eines hatte er beim Tanzen verloren. Deshalb machte der eine Schuh „Klack" und der andere „Bumm".

Lotti und Erich waren viele Jahre glücklich miteinander verheiratet, und „Klack-Bumm" hat nie mehr eine Rolle gespielt.

Originale und andere wichtige Personen

Mit den Originalen ist das so eine Sache. Oft handelt es sich dabei um Personen, denen ein gewisses Einzelgängertum anhaftet, das sie mit etwas Originellem zu kompensieren versuchen. Früher, als man noch nicht mit Medien wie Fernsehen, Computerei und Ähnlichem ausgestattet war, richtete man seine Aufmerksamkeit stärker auf die Menschen in der Nachbarschaft. Das hatte Vor- und Nachteile. Leute, die von der Norm abwichen, fielen eher auf, gehörten aber auch selbstverständlich dazu. Und in Lübeck gab es viele Originale.

Onkel Otto

Nach dem Krieg, in der schlechten Zeit, trieb ein stadtbekannter Musiker in Lübeck sein Unwesen. Er war ursprünglich ein respektabler Trompeter. Seit er sich aber dem Trunk ergeben hatte, ging es mit ihm bergab. Alle nannten ihn „Onkel Otto". Wahrscheinlich hatte er sich diesen Namen selbst gegeben, denn niemand kannte seinen echten Namen, und keiner wusste über seine Familienverhältnisse Bescheid. Jedenfalls war er überall anzutreffen, wo er meinte, man würde auf seine Künste Wert legen. Es legten leider wenige Leute Wert darauf, weil er oft betrunken war. So versuchte Onkel Otto mit dem Einsammeln von „Spenden" und Aufdringlichkeiten nach einem Trompetensolo sein Geld zu verdienen. Das er anschließend in der nächst gelegenen Kneipe wieder durchbrachte. Das muss ein elendes Dasein gewesen sein. Heute könnte man ihn bemitleiden, damals hat man „das Weite" gesucht, um ihm zu entgehen. Er lebt schon lange nicht mehr.

Klanowski und Jeromin

Nach Kriegsende beeindruckte uns ein junger Polizist, der sich stets kerzengerade hielt. Er hieß Klemens Klanowski. Wie viele seiner Kollegen musste er oft an verkehrsreichen Punkten in der Innenstadt Dienst tun und den Verkehr regeln. Der Autoverkehr nahm stetig zu, Verkehrsampeln gab es noch nicht. Klanowski fiel nicht nur durch seine aufrechte Statur auf, sondern auch durch sein freundliches, umgängliches Wesen. Wenn er auf der Kreuzung stand und mit seinem Zeigestöckchen den Wechsel der Vorfahrt angab, war er ein Blickfang für Lübecker und Touristen. So handelte er sich bald die Bezeichnung „Schutzmann Zackig" und „Der letzte Preuße" ein. Er tat treu seinen Dienst bis zu seiner Pensionierung. Da die Polizeibeamten, die in der „Exekutive" tätig sind, schon mit 60 Jahren in den Ruhestand entlassen werden, war „Schutzmann Zackig" in diesem Lebensabschnitt noch gut beieinander. Er wurde von der Stadt angestellt, trug fortan eine attraktive Uniform aus alten Zeiten und repräsentierte für sein Lübeck einen Teil der Tradition. Lübeck war ja die Königin der Hanse gewesen, und in größeren Abständen trafen sich die Hansestädte mal hier und mal dort, um gute Kontakte zu pflegen. Der „letzte Preuße" war dabei und vertrat seine Geburtsstadt vorzüglich.

In vergleichbarer Weise vertrat der „Stadtausrufer" namens Erich Jeromin, ebenfalls altertümlich ausstaffiert, die Belange Lübecks vor Ort und anderswo. Er gab bekannt, was zwar nicht lebenswichtig aber doch besonders originell war. Klanowski und Jeromin traten oft „im Doppelpack" auf, und man konnte sie nicht so leicht übersehen.

„Schutzmann Zackig" und sein Kollege der, Stadtausrufer.

Der Bankvorsteher

In den 50er-Jahren, als wir anfingen zu schwofen, etablierte sich am Kohlmarkt vor dem Gebäude der Handelsbank Lübeck ab ungefähr 22.00 Uhr immer freitags, sonnabends und sonntags ein Wurstverkäufer. Jeder von uns machte auf dem Heimweg gern bei ihm Halt und genoss eine heiße Bockwurst (oder Wiener) mit einem Stück Brot und Senf. Etwas anderes hatte er nicht anzubieten (außer vielleicht noch etwas zu trinken). Uns und vielen anderen ging es aber um die Wurst. Er selbst gab sich den Namen „Bankvorsteher" und traf damit den Nagel auf den Kopf.

Der Martensmann

Seit alters her (1573) bestand der Brauch, dass der Lübecker Martensmann am Martinstag ein Fässchen Wein (Lübecker Rotspon) und Marzipan im Schweriner Schloss ablieferte, um die dort residierenden Fürstlichkeiten zu erfreuen und die gute Nachbarschaft zwischen Lübeck und Schwerin zu erneuern.

Im 19. Jahrhundert geriet dieser Brauch in Vergessenheit und wurde nicht mehr ausgeübt. Erst nach der Wiedervereinigung wurde er wiederbelebt, und man „kürte" einen neuen Martensmann. Die Wahl fiel auf Horst Possehl, einst Mitarbeiter bei der Lübecker Stadtverwaltung und außerdem Stadtführer, der seine Gäste als Nachtwächter durch Lübeck führte.

Der Martensmann verlässt das Lübecker Rathaus mit einem Korb voll Marzipan.

Wenn der Martensmannes nach Schwerin aufbricht, ist das eine große Sache. Er tritt in vollem Ornat aus dem Rathaus, ausgestattet mit weißer Lockenperücke, rotem, weitem Mantel, Strümpfen und Schnallenschuhen. Dort wartet eine schöne Kutsche mit Kutscher und zwei Pferden. Er steigt unter dem Beifall der Zuschauer ein, ein kleines Holzfässchen (Attrappe), angeblich mit Rotwein gefüllt, kommt hinten auf den Sitz. Dann bewegt sich die Kutsche aus der Stadt hinaus in Richtung Burgtor. Dort wartet eine Taxe, der Martensmann steigt um und die Fahrt geht weiter nach Schönberg/Mecklenburg. Nun steigt er wieder um, diesmal in eine neue Kutsche, die ihn in die Stadtmitte von Schönberg bringt. Man empfängt ihn mit einem kleinen Imbiss und einem kleinen Trunk. Prost!

Anschließend fährt er mit der Kutsche aus der Stadt heraus, steigt in eine Taxe um, und weiter geht's nach Rehna. Nun wiederholt sich die gleiche Prozedur wie in Schönberg. Inzwischen ist es Abend geworden und der tapfere Martensmann übernachtet in Rehna. Am Morgen geht es in der gleichen Weise weiter bis Schwerin. Vor Ort erfolgt wieder ein Umstieg in die Kutsche und vor dem Schloss wartet eine Menschenmenge, um dem Martensmann einen begeisterten Empfang zu bereiten. Selbstverständlich wird wieder einmal mit allen „wichtigen" Leuten geprostet, natürlich mit dem mitgelieferten Lübecker Rotspon, und Marzipan gibt's auch. Geschafft, endlich hat der Martensmann seine Schuldigkeit getan. Entsprechend erschöpft steigt er am Stadtrand von Schwerin in die Taxe und fährt ohne weiteren Halt zurück nach Lübeck.

Sie finden, das klingt anstrengend? Doch wie mag es zu früheren Zeiten gewesen sein? Der Martensmann fuhr mit seiner Kutsche von Lübeck nach Schwerin über Kopfsteinpflaster und Sommerwege. Sicher brauchte er mehrere Tage, bis er Schwerin erreichte und die Zwischenaufenthalte und der Rückweg waren ungleich aufwendiger.

Die Filmstadt Lübeck

Viele Filmemacher wählten die Hansestadt Lübeck als Drehort, was uns Lübecker nicht wirklich verwundert. Im Jahre 1922 entstand unter der Regie von Friedrich Wilhelm Murnau der Horror-Film „Nosferatu" mit dem Schauspieler Max Schreck in der Hauptrolle. Einige Szenen dieses Films sind in Lübeck gedreht worden, am Wasser der Obertrave bei den Salzspeichern. Da hatte der Regisseur wohl schlechtes Wetter abgewartet, denn im Film erscheint alles düster, nebelig und wenig angenehm.

An dieser Stelle (Bildmitte) wurden Szenen für den Film „Nosferatu" gedreht. Unten sind jenseits der Trave die Salzspeicher zu sehen.

Anders sieht es mit den verschiedenen Filmen über die „Buddenbrooks" aus. Wir wollen uns einmal das Material aus der 1959 erfolgten Verfilmung ansehen. Die Regie führte damals Alfred Weidemann. Erika Mann, Tochter des Schriftstellers Thomas Mann, war Mitautorin des Drehbuchs. Die Hauptdarsteller waren Werner Hinz als Buddenbrook se-

nior, Lil Dagover als Bethsy, seine Frau, Thomas Buddenbrook wurde von Hans-Jörgen Felmy dargestellt, und der
mallerige „Krischan" Buddenbrook wurde von Hanns Lothar
verkörpert. Liselotte Pulver schlüpfte in die Rolle der Toni
Buddenbrook, Nadja Tiller spielte die kapriziöse Frau von
Thomas Buddenbrook, mit Mädchennamen Gerda Arnold-
sen. In einer Nebenrolle überzeugte als Coorl Smolt der gebürtige Lübecker Günther Lüders, der einer angesehenen
Lübecker Kaufmannsfamilie entstammte. In seiner spöken-
kiekerhaften, zutiefst norddeutschen Art war die Rolle mit
ihm ideal besetzt, zumal er regelmäßig ins heimische Platt-
düütsch verfiel, wobei sogar „Senater" Buddenbrook in der
Lage war, mit ihm in dieser Weise zu „snacken".
Viele weitere, uns bis heute bekannte Schauspieler haben
an diesem Film mitgewirkt. Etliche davon leben inzwischen
nicht mehr. Beim „Deutschen Filmpreis" wurde Hanns Lothar als „bester Nebendarsteller" ausgezeichnet, ein weite-
rer Preis ging an Robert Herlth für das „beste Szenenbild".
Einige Außenaufnahmen wurden in Danzig gedreht, weil in
Lübeck ein wichtiges Detail fehlte, und zwar die Beischläge.
Das sind seitlich an den Treppenaufgängen zu den Häusern
angebrachte steinerne Begrenzungen, die wahrscheinlich
bei dem Bombenangriff auf Lübeck im Jahre 1942 zerstört
wurden oder sie waren schon vorher nicht vorhanden. Das
sollte uns nicht weiter stören. Es ist genügend Historisches
in Lübeck vorhanden, das uns in diesem Film nahegebracht
wird. Der Wiedererkennungswert ist hoch.

Der Bayer mit dem Traktor

Es gibt einen bayrischen Schauspieler, der seinen Dialekt
nicht ablegen kann oder will. Trotzdem können wir Lübecker ihn verstehen. Die Rede ist von Wolfgang Fierek, der

immer sang: „Resi, i hol' di mit' m Traktor ab …" Das fand sie bestimmt auch ganz nett. Aber dann wechselte unser Bayer sein Fahrzeug und bretterte mit seiner Harley Davidson nach Norden. Eigentlich war er finanziell ein bisschen klamm (im Film) und überlegte, wie diesem Notstand abzuhelfen sei. Da fiel ihm eine entfernte Verwandte ein, eine Tante. Aber wo lebte die gleich wieder, in Kiel oder in Lübeck? Na, in Lübeck natürlich! Warum war ihm das nicht gleich eingefallen! Unten am Wasser in der Lindenallee! Der gestandene Lübecker kommt bei dieser Szene ins Grübeln. Die Lindenallee gibt es, aber Wasser?

Ein Blick auf einen Teil der Obertrave, vom anderen Ufer der Trave aus gesehen. Wir nennen diese Perspektive „Malerwinkel".

Egal, erst einmal fuhr der Schauspieler mit Volldampf über den Marktplatz. Gediegen! Wir dürfen so etwas nicht, aber im Film ist wohl (fast) alles erlaubt. Dann düste er die Holstenstraße hinunter, bog nach links ab und befand sich in der „Lindenallee". Mensch, das ist doch die Obertrave! Warum sagen sie das nicht gleich! Der Harley-Davidson-Fan suchte die Häuserreihe ab und natürlich wohnt die Tante in einem der schmucken kleinen Kapitänshäuser. Er überraschte sie und wurde zu Kaffee und Kuchen eingeladen. Ob sie ihm Geld gegeben hat, wissen wir nicht mehr, und auch der Rest der Geschichte ist uns entfallen.

Freunde fürs Leben

Es ist noch gar nicht so lange her (in den 80er-Jahren), da wurde in Lübeck eine Serie gedreht, ein Ärztefilm mit namhaften Schauspielern. Vier Ärzte verschiedener Fachrichtungen gründen aus Sympathie und Kostengründen eine Gemeinschaftspraxis. Die Belegbetten der Ärzte befinden sich im Marien-Krankenhaus „Am Pferdemarkt" und Marek Erhardt, der Enkel des legendären Komikers Heinz Erhardt, spielt einen patenten Praxishelfer. So weit, so gut. Betrachtet man jedoch die Szenen im Film im Hinblick auf vertraute Örtlichkeiten, ist man irritiert. In einem Augenblick erkennt man ein Lübecker Häuserensemble, im nächsten Moment ist die Umgebung wieder ganz fremd. Wo ist das bloß alles gedreht? Wir wissen es nicht. Na ja, Fernsehen eben. Aber über eine Geschichte kann man sich nur mächtig aufregen. Da muss ein Kranker ganz dringend ins Marien-Krankenhaus eingeliefert werden. Der Krankenwagen kommt mit Blaulicht und Volldampf auf den Koberg gerast und biegt nach rechts in die Königstraße ein. Das ist verboten, weil es eine Einbahnstraße ist! Und überhaupt, das wäre ein großer Umweg zum Krankenhaus. Und wo doch alles ganz schnell gehen muss! Da können wir nur noch mit dem Kopf schütteln und uns wundern.

Ein wunderbarer Besuch

Wer sitzt denn dort auf einer Bank an der Puppenbrücke und kommt uns so bekannt vor, obwohl wir diese Person noch nie hier gesehen haben? Eine kleine alte Dame ist's. Die Füße reichen nicht bis auf den Erdboden, und darum baumelt sie mit diesen ganz unbefangen in der Luft. Die Sonne scheint ihr ins Gesicht, sie kneift die Augen ein bisschen zusammen, dabei guckt sie freundlich. Ihre Gesichtszüge erinnern uns an jemanden, den wir kennen. Die ausgeprägte Nase endet mit einem Knick dort, wo die Nasenwurzel an der Stirn ansetzt. Das haben wir doch schon einmal gesehen! Es ist Elisabeth – die Tochter von Thomas Mann, sein Lieblingskind, das im Familienkreis Medi genannt wurde.

Elisabeth Mann-Borgese besaß, was der Dichter bei seinen anderen Kindern vermisste (und vielleicht auch bei sich): natürliche Freundlichkeit, Beständigkeit, Lebenstüchtigkeit im weitesten Sinne. Schon als sie im April 1918 als fünftes Kind in München geboren wurde, wusste der Vater: „Das ist mein Lieblingskind!"

Elisabeth Mann-Borgese, das Lieblingskind ihres Vaters Thomas Mann.

Sie musste gar nichts dazu tun, nur einfach sie selbst sein. Nun, im Alter, war Elisabeth Mann das erste Mal in Lübeck. Von den Journalisten befragt, wie sie sich denn fühle, antwortete sie: ‚Eigentümlich, ganz eigentümlich. Ich bin zwar das erste Mal hier, aber durch den Roman ‚Die Buddenbrooks‘, den mein Vater geschrieben hat, fühle ich mich, als wenn ich schon immer hier gelebt hätte. Das ist ein zwiespältiges Gefühl.“

Elisabeth Mann-Borgese lebte seit 1978 in Halifax im Distrikt Nova Scotia in Kanada. Mit 62 Jahren wurde sie Professorin und lehrte Ozeanografie an der University of Halifax. Ihr Vater war stolz auf sie, auf sein Kindchen. Sie starb 2002 während eines Skiurlaubs in der Schweiz.

Lübeck feiert!

Die Lübecker verstehen zu feiern, und wie! Auch wenn die Südlichter dieser Republik es den Nordlichtern nicht zutrauen. Drei große Stadtfestivitäten bestimmen den Jahresreigen: Karneval, der Volksfestumzug und natürlich die Weihnachtsmärkte.

Lübeck ahoi und BBB

Also unter uns, wenn wir nur wollten, könnten wir mit unseren Karnevals-Gesellschaften protzen, aber so etwas liegt uns nicht, auch wenn wir zurzeit immerhin sechs Karnevalsvereine vorweisen können. Einer davon, im Ortsteil Rangenberg gelegen, geht auf einige Rheinländer zurück, die es aus beruflichen Gründen nach Lübeck verschlagen hatte. Da sie an ihrer Heimat und der Tradition hingen, gründeten sie einen Karnevalsverein. Da grüßt man freudig mit „Lübeck ahoi" (nicht mit „Alaaf" oder „Helau" oder Ähnlichem).

Nach guter alter Tradition stürmen die Narren um 11.11 Uhr am Sonnabend vor dem Rosenmontag das Rathaus, fordern die Herausgabe des Rathausschlüssels und haben bis Aschermittwoch das Sagen in Lübecks guter Stube, dem Audienzsaal. Es wird „gemeckert" und „vom Leder gezogen", was das Zeug hält. Man ist aber auch großzügig. Mit dem Verkauf von Marzipanherzen wird Geld gesammelt und anschließend an Menschen, die es gut gebrauchen können, verteilt. Ein farbenfroher Umzug der Narren, sei es „Rut-Wiess"

Lübeck ahoi!

oder „Blau-Weiß" oder andere gehört unbedingt zum Karneval in Lübeck. Der Umzug beginnt am Rathaus und führt über Schüsselbuden, Kohlmarkt, Wahmstraße zum Koberg, Breite Straße, Mengstraße und zurück zum Rathaus. Anschließend wärmen sich alle in einem geräumigen Restaurant auf. Das alles ist natürlich nicht zu vergleichen mit Aktivitäten in Köln, Düsseldorf, Aachen, Frankfurt oder Mainz. So „jeck" sind wir nun auch wieder nicht, aber ein kleines bisschen schon, wie der beliebte BBB zeigt.

Jedes Jahr im Februar, wenn die närrische Zeit beginnt, wird in der Phönix-Halle der „Böse Buben Ball Lübeck" (BBB) gefeiert. Waren früher überwiegend die Buben böse und die Mädchen brav, hat sich das in der Zwischenzeit verändert. Die Mädchen können ebenso böse sein. Und alle Feiernden haben Spaß daran und überbieten sich in origineller Verkleidung, das gehört zum Image des „Böse Buben Balls Lübeck". Regelmäßig tritt die Karnevals-Gesellschaft „Silbermöve" auf und zwar pünktlich um 22.00 Uhr. Und wenn sich die Närrinnen und Narren ausgetobt haben, sind sie am nächsten Tag wieder brav, bis auf die, die sowieso böse sind.

Das Lübecker Volksfest

Das ist doch mal was! Die Anfänge des Lübecker Volksfestes gehen auf das Jahr 1848 zurück. Zentraler Bestandteil ist der Volksfestumzug, der für die Lübecker eine ähnliche Bedeutung hat wie der Karnevalsumzug am Rhein. Nur dass die Lübecker Zuschauer nicht so „ausflippen". So etwas liegt uns nicht. Wir sehen in Ruhe zu, wie die mit viel Mühe und Fantasie gefertigten Umzugswagen der verschiedenen Vereine und Firmen an uns vorbeifahren und Bontjes von den Pritschen der Autos geworfen werden. Na klar, die sammeln wir auf. Manch einer spannt sogar einen Regenschirm auf, damit es was bringt. Ab und zu fliegt auch mal ein frischer Hering auf uns zu. Warum nicht? Wir leben schließlich an der Küste und wer einen abbekommt, steckt ihn in eine mitgebrachte Plastiktüte. Zu Hause kommt er in die Bratpfanne. Sportvereine lassen ihre Mitglieder in Vereinskleidung marschieren und kleine Kunststücke vorführen. Natürlich klatschen wir. Schützenvereine aus Lübeck und Um-

gebung marschieren beim Umzug mit, und ab und zu schießt mal einer in die Luft (wohl mit Platzpatronen). Das „ballert" ziemlich laut zwischen den Häusern. Manch einer hält sich die Ohren zu und kleine Kinder fangen an zu weinen.

Zu diesem Volksfestumzug kamen die Indianer mit ihrem Kanu. Das Foto entstand in den 80er-Jahren.

Der Volksfestumzug zieht durch die Stadt vom Mühlentor bis ans andere Ende (Burgtor). Und dann löst sich alles auf. Auf dem Volksfestplatz – der von Zeit zu Zeit seinen Standort wechselt – findet die Volksbelustigung mit Karussellfahren und Bratwurstessen statt. Wir bummeln durch die Gänge und geben unsere Kommentare ab – mal positiv, mal negativ. Dieses „Event" dauert zwei Wochen und heißt bei uns „Rummel".

Lübeck festlich

Zu Weihnachten geht es feierlicher zu. Es finden verschiedene Weihnachtsmärkte statt: auf dem Marktplatz, an der Obertrave, in der Petri-Kirche, im Heiligen-Geist-Hospital. Bleiben wir mal auf dem Markt. Alle Buden und Stände sind festlich geschmückt mit Tannengrün und Flitterkram. Es duftet nach Punsch und gebrannten Mandeln, es riecht nach Bratwurst und Gyros und sämtlichen Wohlgerüchen Arabiens. Für jeden Geschmack ist etwas dabei. Die Kinder klettern in die kleinen Karussells, die Eltern „verlustieren" sich mit einer Thüringer Bratwurst mit viel Senf und Brot und spülen mit einem Bier nach. Alle sind zufrieden – bis auf die, die sowieso unzufrieden sind, weil sie immer „ein Haar in der Suppe" finden. Die imposanten Fassaden des Rathauses und der Markthäuser werden festlich angestrahlt. Also, wir können mit unserem Lübeck wirklich protzen. Das finden auch viele Touristen und kommen jedes Jahr wieder.

Erlebnisse beim Einkaufen

Heute geht oder fährt man zum Einkaufen im Supermarkt oder Discounter. Manchmal trifft man Bekannte, manchmal nicht. Meistens hat man es eilig. Das war früher anders. Man nahm seinen Einkaufskorb in die Hand und ging (ja, zu Fuß!) die paar Minuten bis zum Kolonialwarenladen. Mal befand er sich an der nächsten Ecke oder auch in der Nachbarstraße. Überall in den dicht bebauten Wohngebieten waren Lebensmittelläden, Drogerien, Fischläden, Milchgeschäfte usw. Gelegentlich hatten sie ein bis zwei Schaufenster und lagen im Hochparterre, sodass die Kunden vier oder fünf Treppenstufen überwinden mussten. Fisch-, Milch- und Gemüseläden waren oft im Keller zu finden, dort war es schön kühl. Fleisch und Wurst kaufte man gern beim Fleischer, der sein Angebot appetitanregend hinter Glasscheiben am Tresen auslegte. Der Laden war meistens weiß gekachelt, so konnte man ihn gut sauber halten.

In den ersten Nachkriegsjahren benutzte man zum Einkauf Lebensmittelmarken. Der Kaufmann schnitt, schnippschnapp, mit seiner scharfen Schere ein oder zwei Abschnitte von der Lebensmittelkarte ab. Doch bald besserten sich die Zeiten, die Menschen gönnten sich etwas und viele legten an Gewicht zu, nachdem sie ausgesehen hatten wie Gerd Fröbe im Film „Otto Normalverbraucher". Ein Trost, auch Herr Fröbe hat seine schlanke Taille bekanntermaßen nicht lange halten können. Doch zurück zum Einkauf in den 50er-Jahren.

Olli

Im Stadtteil St. Jürgen befand sich in einer dicht besiedelten, aber hübschen Straße ein „Tante-Emma-Laden", natürlich im Hochparterre mit fünf Treppenstufen nach oben und seitlichem Geländer zum Festhalten. Die Hüterin dieses Ladens war nicht „Tante Emma", sondern Olli. Ob sie mit richtigem Namen Olga hieß, wissen wir nicht. Möglich ist es. Olli war „nur" Verkäuferin und ging ihrem Chef zur Hand, d. h. eigentlich ging er ihr zur Hand. Olli war mittleren Alters und nicht verheiratet, also hätte man eigentlich „Fräulein Olli" zu ihr sagen müssen. Sie legte offenbar keinen Wert darauf, denn für die Kunden und ihren Chef war sie einfach „Olli". Punktum.

Na, eine Schönheit war sie nicht gerade mit ihren Dackelbeinen, der Stupsnase mit Warze darauf und den ewig strubbeligen Haaren. Aber das störte niemanden, denn Olli hatte ein Herz aus Gold und lebte für „ihren" Laden. Ihre Arbeit war ihr Lebensinhalt. Problematisch war allerdings manchmal ihr Ton gegenüber den Kunden (und natürlich auch dem Chef), wobei sich die Stammkundschaft daran schon längst gewöhnt hatte. Es kam aber auch vor, dass plötzlich ein Fremder in der Tür stand. Olli begrüßte ihn freundlich und fragte: „Womit kann ich dienen?" Die Entgegnung des Kunden, der sich in dem vollgepackten Laden nicht auskannte, war: „Haben Sie Käse?" Ollis Antwort: „Natürlich haben wir Käse. Wir verkaufen sogar welchen." Wer sich von einer solchen „Ansprache" nicht abschrecken ließ (und das waren die meisten), kaufte dann Tilsiter, Edamer oder Gouda, vielleicht auch einmal einen Kegel grünen Reibekäse. Aufs Butterbrot gestreut, schmeckte er besonders gut (und war nicht teuer).

Typisch! Ein Laden an der Ecke Lilienstraße/Maiblumenstraße.

Selbstverständlich gab es bei Olli auch Brot. Zweimal in der Woche kam der Brotkutscher mit seinem Kastenwagen und dem Pferd davor und fragte, ob er neues Brot liefern sollte. Wenn dann der Chef hinter dem Ladentisch stand, während Olli im hinteren Teil des Geschäfts im Lager beschäftigt war, rief er nach hinten: „Olli, brauchen wir frisches Brot?" – „Ja, sechs Weißbrote können wir brauchen, Schwarzbrot aber nicht, vier Stück liegen noch hinten auf dem Sofa. Das müssen wir erst einmal verkaufen." Der Chef zuckte, der Kutscher griente. Aber sonst war alles in Ordnung. Zufällig war nämlich gerade keine Kundschaft im Laden.

Olli blieb die Seele des Geschäfts, bis sie aus Altersgründen ausschied. Es ist schon traurig, dass sie nur kurze Zeit, nachdem sie in Rente gegangen war, starb.

Mag sein, dass ihr Leben seinen Sinn verloren hatte und ihr die sozialen Kontakte und die Kommunikation, die ihr der Laden boten, fehlten.

Gerda und Günter

Gerda war eine richtige Dorfdeern, die ihren Heimatort nie dauerhaft verlassen hat, geschweige denn, dass sie in einem anderen Dorf oder gar in der Stadt gewohnt hätte. Ihre Eltern hatten einen Laden im Dorf, in dem es neben Lebensmitteln alles gab, was die Kundschaft brauchte: Gerätschaften für Garten, Landwirtschaft und Haushalt, Geschirr, Bestecke und, und, und … Und was nicht vorrätig war, wurde besorgt, und der Kunde zeigte seine Dankbarkeit, indem er dem Laden die Stange hielt und ohne Murren etwas anderes kaufte oder bestellte, wenn ein Artikel mal „aus" war.

Gerda war die einzige Tochter und wurde von ihren Eltern sorgfältig darauf vorbereitet, später einmal den Laden zu übernehmen. Sie besuchte sogar eine weiterführende Schule in Lübeck.

Gerda war eine gehorsame Tochter, gutherzig und freundlich zu jedermann, mit dem sie zu tun hatte, sei es im Dorf oder in Lübeck. Eines Tages war es so weit: Gerdas Vater lag auf dem Sterbebett und nahm seiner Tochter das Versprechen ab, den Laden weiterzuführen und nur einen Mann zu heiraten, der eine kaufmännische Ausbildung vorweisen konnte, in den Laden passte und auch von der restlichen Familie gutgeheißen wurde.

In den 40er- und 50er-Jahren waren Männer Mangelware, doch Gerda hatte Glück. Nach dem Krieg siedelte sich im Dorf ein junger Mann namens Günter an, ein Flüchtling aus Pommern mit kaufmännischer Ausbildung. Die beiden verliebten sich ineinander und alles passte so, wie der verstorbene Vater es sich gewünscht hatte.

Was darf's sein? Ein Kaufmannsladen in der Lilienstraße, Ende der 50er-Jahre.

Günter und Gerda führten das Ladengeschäft gemeinsam. Schon in ihrer Jugend hatte Gerda gelernt: Der Kunde hat immer recht, auch wenn das oft gar nicht stimmte – objektiv gesehen. Was wollte man machen, schließlich lebte man ja von seiner Kundschaft. Eigentlich hatten Gerda und Günter in dieser Hinsicht keine Probleme, sie waren gleichbleibend freundlich. Aber es gab Tage, da drängte sich der Teufel durch die Tür. Es konnte vorkommen, dass mehrere Kunden hintereinander schwierig zu bedienen waren und ständig an der Ware herummäkelten. Mal war es dies, mal das. Günter konnte damit recht gut umgehen, Gerda fiel es schwerer, nach dem dritten oder vierten anstrengenden Gespräch gelassen zu bleiben. In ihr staute sich der Ärger, und wenn es mal gar zu arg wurde, entschuldigte sich Gerda bei ihrer Kundschaft und erklärte, sie müsse einmal dringend nach hinten ins Lager, um etwas zu suchen. Ihr Mann würde sie weiterbedienen. Während Gerda die Wut zu Kopfe stieg, beschäftigte sich Günter mit dem unangenehmen, aber völlig ahnungslosen Kunden.

Endlich! Gerda hatte das Lager erreicht und suchte sich einen leeren Blecheimer, der vormals mit Vierfruchtmarmelade gefüllt war, schleuderte ihn mit Karacho auf den Fußboden und trampelte mit den Füßen darauf herum. Das tat sie so lange, bis sie sich abreagiert hatte und die Wut verraucht war. Dann holte sie tief Luft, strich sich die Haare glatt, fühlte sich wieder wohl, ging nach vorne in den Laden und bediente in aller Freundlichkeit ihre Kundschaft weiter, auch die, die besonders anstrengend war.

Gerda und Günter haben diesen Laden viele Jahre geführt. Erst als die meisten Leute im Dorf motorisiert waren und zum Einkaufen in die Stadt fuhren, mussten sie ihn aufgeben, wie so viele andere auch.

Pinnschieter

Klausi, Mutters einziger Sohn und neun Jahre alt, zeigte sich manchmal besonders anstellig und ging seiner Mutter gern zur Hand. Er wusste, dass sie sich darüber freute und sie ihn mit ein paar Groschen belohnen würde.

Gerade wieder hatte er für seine Hilfsbereitschaft drei Groschen einkassiert. Und was macht ein kleiner Junge mit großem Appetit auf Süßigkeiten? Er muss ganz schnell zum Kaufmann laufen. Seine Sehnsuchtsstätte war in der Schwartauer Allee. Klausi wusste von den schönen Bonbongläsern, die der Kaufmann auf seinem Tresen stehen hatte und in denen sich die größten Köstlichkeiten befanden: Himbeerbontjes, kleine Scheiben mit bunten Frucht- oder Blumenmotiven in der Mitte, Goldnüsse, weißrote Pfefferminzkissen, Karamellen in verschiedenen Größen und Lakritz als Stangen oder Schnecken. Nun stand Klausi im

Laden und wusste nicht gleich, wofür er sich entscheiden sollte. Aber dann war klar, dass er großen Appetit auf die roten Himbeerbontjes hatte. Das sagte er dem Kaufmann und legte seine drei Groschen auf den Ladentisch.

Der Kaufmann sah auf die Geldstücke, nickte, zog eine kleine weiße Spitztüte mit blauen Sternen aus der Schublade und steckte sie in den Ring, der seitlich an der Waage befestigt war. Er nahm eine kleine silberfarbene Schaufel und füllte vorsichtig die Himbeerbontjes in die Tüte. Also, für drei Groschen konnte er dem Jungen 100 Gramm verkaufen. Es lief aber nicht so, wie der Kaufmann sich das gedacht hatte. Entweder kam er beim Abwiegen auf 95 Gramm, das war zu wenig, und wenn er einen Bonbon dazulegte, waren es 105 Gramm. Das war wieder zu viel. Also was tun? Er tauschte Bonbons aus, weil er meinte, der eine sei größer oder der andere kleiner. Das half aber nichts. Gott sei Dank waren keine weiteren Kunden im Laden, das wäre ihm doch sehr peinlich gewesen. Allmählich wurde Klausi ungeduldig und schlug dem Kaufmann in seiner Muttersprache vor: „Biet em doch dörch, denn kümmt dat hen."

Was aus diesen Verhandlungen geworden ist, wissen wir nicht, es ist ja schon so lange her. Klausi ist inzwischen im Großvateralter, und der Kaufmann lebt schon lange nicht mehr. Gleichwohl gilt es festzuhalten: Der Kaufmann war ein „Pinnschieter". Damit bezeichnen wir Leute, die kleinlich sind, und die sterben bekanntlich nie aus.

Tante Dora und Tante Tilli

Tante Dora war eine Institution. Sie hatte ihren Laden an der Ecke Adlerstraße/Parchamstraße, und in Sichtweite befanden sich die Bernt-Notke-Mittelschule für Mädchen und die Ernst-Moritz-Arndt-Mittelschule für Jungen. Und was brauchen Schüler unbedingt, wenn der Unterricht noch nicht begonnen hat oder zu Ende ist oder man hat Pause? Natürlich einen Kiosk oder noch besser einen Laden, wo es alles gibt, was man als Schüler so braucht. Als da sind Schulhefte mit und ohne Linien, mit Rechenkästchen, aber immer mit einem Löschblatt, Zeichenblöcke, Buntpapier, bunte Perlen zum Auffädeln für eine Kette, ein Armband oder zum Anfertigen eines Untersetzers für eine Kaffeekanne oder Ähnliches. Und natürlich Süßigkeiten in jeder Variation: Kaugummi, Schaumgummipuppen, Dauerlutscher, saure Drops, Pfefferminzbonbons, Rheila-Perlen gegen Halsschmerzen, Studentenfutter, Lakritz und vieles mehr. Das alles hatte Tante Dora in ihrem Eckladen. Klar, in den Pausen standen die Schüler Schlange bei ihr. Man hatte es ja nicht weit bis zur Schule.

Tante Dora hatte Generationen von Schülern kommen und gehen sehen. Die Schüler wechselten, Tante Dora blieb. Allmählich kam sie in die Jahre und die Kräfte ließen nach. Sie war früh verwitwet und hatte nur eine unverheiratete Tochter. Das war Tante Tilli. Und was soll ich euch sagen? Ihr wisst es ja schon! Tante Tilli nahm den Platz ihrer Mutter ein und versorgte die Schüler weiterhin mit allem, was sie so nötig brauchten. Da konnte Tante Dora beruhigt die Augen schließen, bei ihrer Tochter war alles in guten Händen.

Das ging über viele Jahre gut. Aber die Zeiten änderten sich. Die Schüler kauften inzwischen im Supermarkt ein, da war sowieso alles billiger als bei Tante Tilli. Und dazu auch noch viel moderner.

Es kam, wie es kommen musste: Tante Tilli saß in ihrem Laden und wartete auf Kundschaft. Die Schüler hatten inzwischen entdeckt, dass es in der Drogerie 50 Meter weiter auch Leckereien gab: z. B. Klatschbrötchen. Dazu wurde ein Weißmehl-Brötchen in der Mitte aufgeschnitten, ein Negerkuss (damals sagte man es so, ohne jemand diskriminieren zu wollen) „dazwischengepappt" und anschließend das Brötchen wieder „zusammengeklatscht". Hm, lecker! Dafür schmiss mancher das Wurstbrot, das er von zu Hause in der Brotdose mitgebracht hatte, in den Abfallbehälter der Drogerie. Das war in der Zeit, als es uns schon wieder gut ging. Einigen wohl zu gut.

Tante Tilli musste ihren Laden schließen, hatte aber eine neue Idee. Sie funktionierte den Laden zu einem Atelier um und trat einem Hobby-Malkreis bei. Sie hatte sich nämlich schon immer für Kunst interessiert. So lebte sie noch einige Zeit in Zufriedenheit mit ihrer Malstube, die sich im vorderen Bereich des Ladens befand und ihren Privaträumen im hinteren Teil.

Nun ist Tante Tilli schon lange tot. Ihr Haus wurde verkauft. Der neue Eigentümer hat den Eckladen zu einer Wohnung umbauen lassen. Nichts erinnert mehr an Tante Dora und Tante Tilli. Aber das stimmt nicht ganz! Bei jedem Klassentreffen der Ehemaligen, also der, die heute schon älter sind, kommt die Sprache auf sie: „Wisst ihr noch? … Der kleine Laden von Tante Dora hat uns doch immer gute Dienste getan. Meint ihr nicht auch?" Ja, der Meinung konnten sich alle nur anschließen. Ohne Tante Dora wäre das Schulleben eintönig gewesen.

Und wenn die nicht ganz so alten Schüler zusammenkommen, fällt unweigerlich der Name von Tante Tilli. Treffen sich aber die Nachgeborenen, dann werden die Namen dieser beiden Damen nicht mehr erwähnt. Sie wissen nichts von ihnen. Ja, so geht die Zeit über vieles hinweg. Schade eigentlich. Aber das ist der Lauf der Welt.

Auf der Parzelle

Nach dem Ende des Zweiten Weltkriegs war Organisationstalent gefragt, und was man nicht hatte und dringend benötigte, musste man sich beschaffen. Tauschen ging gut: ein Schmuckstück gegen ein Stück Speck, Essgeschirr gegen eine Dauerwurst. Hunger und Not trieben die Menschen oft an den Rand der Legalität. Manche Städter setzten sich auf ihr Fahrrad und suchten die vom Bauern abgeernteten Felder nach liegen gebliebenen Kartoffeln oder anderem Gemüse ab. Mit mehr oder weniger Glück konnte man etwas in einen Jutesack füllen, hinten auf den Gepäckträger klemmen und hoch erfreut mit nach Hause bringen.

Der Schwarzmarkt in den Städten blühte, so auch in Lübecks Innenstadt und zwar im Bereich der unteren Fischergrube. Es wurde getauscht, „geschachert" und „geschutert", wie man hier so sagt, was das Zeug hält: antike Bücher gegen zwei Schwarzbrote, fünf Schachteln Zigaretten gegen eine Seite durchwachsenen Specks, eine goldene Armbanduhr gegen ein Kilo Butter. Es war wie bei Schlemihl in der Sesamstraße. Man öffnete den Reißverschluss einer Einkaufstasche oder seinen Mantel oder die Schließen an der mitgebrachten Aktentasche, ließ Leute hineinsehen und murmelte vor sich hin, was man anzubieten hatte. Die Polizeibeamten, deren Wache in der Nebenstraße Beckergrube lag, hatten ein Auge auf die Szene – ohne großen Erfolg. Wenn die uniformierten Polizisten auftauchten, tauchten die Menschen unter. Sobald sie verschwunden waren, wurde munter weitergehandelt.

Ete hatte Glück. Schon vor dem Krieg war er Pächter einer Schrebergartenparzelle am „Bahndamm", dem Verbindungsweg zwischen Possehlstraße und Kronsforder Allee gewesen. Während des Krieges, als Ete als Soldat in Frankreich kämpfen musste, bearbeitete seine Frau den Garten. Die kleine Tochter durfte beim Harken der Beete und Ernten von Erdbeeren oder Möhren helfen.

Als Ete aus dem Krieg zurückkam, bepflanzte er einen Teil des Gartens mit Tabakpflanzen – gegen den Willen seiner Frau. Aber was sollte sie machen? Viele Schrebergärtner machten es so, denn es gab nichts zu rauchen. Sie mussten sich selbst helfen, um ihren Eigenbedarf zu decken. Sobald die Pflanzen groß genug waren und schöne fleischige Blätter hatten, wurden sie abgeschnitten, fein säuberlich auf eine

Mit Mutti an der Gartenpforte, 1945.

Schnur gezogen und unter dem Dachboden zum Trocknen aufgehangen. Wenn sie getrocknet waren, kamen die Tabakblätter auf den Küchentisch, wurden mithilfe eines Spezialmessers fein geschnitten und landeten bei Bedarf in der Pfeife. Das war die Hausmarke „Etes Feinschnitt".

Ein weiteres Problem prägte die Nachkriegszeit, die Wohnungsnot. Viele Häuser waren zerstört und Menschen ausgebombt. Mit dem Zuzug der vielen Flüchtlinge bestand großer Bedarf an Wohnungen. Nach und nach schufen die zumeist städtischen Wohnungsbaugesellschaften neuen Wohnraum, so auch auf dem Gartengelände am Bahndam, auf dem Reihenhäuser geplant waren. Die Schrebergärtner mussten sich nach anderen Parzellen umsehen. Das tat auch Ete. Er erwarb eine Parzelle, die „in der Heide" lag, so der Sprachgebrauch, am Ende der Dorfstraße. Hinter den zu überquerenden Bahnschienen befand sich ein ausgedehntes Areal mit vielen Schrebergärten, getrennt durch verschiedene Haupt- und Nebenwege. Das war das neue Paradies von Ete und seiner Frau. An eine Grillecke mit Rasen und ausgedehnter Kinderspielecke, daran war damals noch gar nicht zu denken. Aber es gab immerhin ein kleines Häuschen, besser eine Holzbude, innen mit einer Sitzbank ausgestattet, falls es mal regnete und man unterkriechen musste. Das war das Höchste der Gefühle. An der Wand hingen Gartengeräte an den Haken. Seitlich, wo die Sonne durchkam, hatte jeder Schrebergärtner eine kleine gemütliche Ecke zum Erholen. Meistens war ein Holztisch vorhanden, eine Bank, zwei, drei Klappstühle, zwei Liegestühle, das war's. Einige Kleingärtner verfügten sogar über einen eigenen Brunnen im Garten und hatten (mechanische) Wasserpumpen. Ete und viele andere aber nicht. Sie mussten das benötigte Wasser mit Eimern von einer Pumpe am Hauptweg herbeischaffen.

Wenn man den Garten verließ, wurden die Möbel zusammengeklappt und nach Möglichkeit in der Bude verstaut. Denn man tschüüs bis zum nächsten Mal!

Bei Ete gab es alles im Garten, was sein Herz (und das seiner Frau) begehrte. Tabak wurde inzwischen nicht mehr angepflanzt, gab es doch längst wieder Zigaretten zu kaufen. Dafür wuchsen sämtliche Kohlsorten, Kohlrabi in grün und violett auf den Beeten, Erbsen, Stangen- und Buschbohnen, große Bohnen (von Ete „Ledderjungs" genannt), Möhren, Sellerie, Porree, Zwiebeln. Kartoffeln (Marke „Hansa" zum Einkellern) komplettierten das Angebot. Dazwischen standen verschiedene Obstbäume: Boskoop, Holsteiner Cox, blaue Zwetschgen, große grüne „Hunnplumm", Birnen und Kirschen in verschiedenen Sorten. Jeder Platz war ausgenutzt.

Und Erdbeeren hatte Ete natürlich auch gepflanzt, Marke „Senga Sengana", sehr wohlschmeckend, frisch und als Marmelade oder Saft zu genießen. Seitlich am Zaun wuchsen Himbeeren, wobei viele „Einwohner" hatten, nämlich Maden, die zur Erntezeit mühsam entfernt werden mussten. Etes Lieblingspflanzen waren Tomaten, rot und mit unvergleichlichem Aroma.

Den Urlaub verbrachte man natürlich im Garten. Die Kinder durften mit dem Rad auf den Wegen hin und her fahren und die Gegend erkunden. Die Eltern blieben im Garten und arbeiteten, und das sogar gern. Ete schmierte sich zu Hause einige Scheiben Schwarzbrot mit Butter. Eine Thermosflasche mit Milchkaffee und Trinkbecher kamen in die Einkaufstasche, ein paar Butterkekse und Zwiebäcke für die Kinder und ein Salz- und ein Pfefferstreuer. Nach anstrengender Grabe-, Jäte- und Harkarbeit stellte Ete zwei Liegestühle in die Sonne, nahm sein Brot aus der Brotdose, gab seiner Frau die von ihr bevorzugten Feinbrotstullen und schnitt sich mit seinem Taschenmesser ein paar reife Tomaten vom Strauch. Er schnitt seine Lieblingsfrüchte in Scheiben, verteilte sie auf den Brotscheiben und streute Salz und Pfeffer darüber. In der Bude hing ein Bündel Zwiebeln zum Trocknen. Davon knipste Ete ein oder zwei ab und sie kamen als Krönung auf das Tomatenbrot. Für Ete gab es nichts, was ihm im Garten besser geschmeckt hätte. Dann genehmigte er sich ein kleines Nickerchen im Liegestuhl, das war Erholung pur. Etes Frau war nicht so für Tomatenbrot zu haben.

Sie aß lieber eine Scheibe Feinbrot und pflückte sich einen Apfel oder eine Birne. Wer Durst hatte, schenkte sich etwas aus der Thermoskanne ein.

Mit Vati am Gartenhäuschen, 1945.

Wenn man sich längere Zeit oder gar den ganzen Tag im Garten aufhielt, brauchte man natürlich die Möglichkeit, eine Toilette zu nutzen. Dafür sorgte jeder Gartenbesitzer auf seiner Parzelle. Meistens wurde an dem hinteren Teil der Bude ein Bretterverschlag angebaut, die Tür mit dem oberen Luftloch wurde innen durch Einhaken verschlossen. In der Mitte des Raumes stand ein ringförmiges Holzgestell auf Stahlbeinen, darunter wurde ein Eimer geschoben. Man setzte sich auf den Holzring und entleerte sich. An der Wand hing ein Frotteehandtuch, daneben stand ein Eimer Wasser zum Händewaschen. In Sitzhöhe hatte Ete einen großen Nagel in die Wand geschlagen, daran hingen in ausreichender Zahl zurechtgeschnittene Zeitungsblätter, die er mit einem Loch versehen und anschließend auf „Sacksband" aufgefädelt hatte. Anschließend wurde der Eimer draußen in einer unübersichtlichen Ecke entleert.

Ete suchte diese Stätte meistens mehrfach auf, wenn er sich im Garten aufhielt. Die vielen genossenen Tomaten und Zwiebeln förderten wohl die Verdauung. Dabei war Ete ein reinlicher Mensch. Wenn er seinen „Stuhlgang" beendet hatte, suchte er sich einen Spaten, grub ein Loch bei den Brombeeren, die vom Nachbargrundstück herübergewuchert waren und schüttete den Eimerinhalt hinein. Anschließend buddelte er das Loch sorgfältig wieder zu.

Im Winter, wenn die Gartenleute nicht viel zu tun hatten, ruhte der Garten. Aber was zwischenzeitlich unter der Erde geschah, ging niemanden etwas an, und kam ja auch erst im Frühjahr ans Licht, wenn alles begann zu blühen und zu gedeihen. Die Schrebergärtner krempelten die Ärmel hoch und freuten sich, wieder in ihrem Garten zu arbeiten, zu ernten, einzukochen und was es sonst noch zu tun gab.

Nur Ete wunderte sich. An der besagten Brombeerhecke wuchsen plötzlich Tomatenpflanzen. Wie konnte das angehen? Er hatte dort doch gar keine gepflanzt, nur seine gegessenen Tomaten, die hatte er an dieser Stelle entsorgt. Waren die Kerne der Tomaten unverdaut in die Erde gelangt? Vielleicht lag es am milden Winter, dass sie sich ungestört entwickeln konnten. Was soll man sagen? Es wuchsen schöne rote Tomaten neben den Brombeeren, von Ete liebevoll gepflegt und später von ihm „verputzt". Seine Frau blieb ihrem Obst treu.

Heute leben die beiden schon lange nicht mehr und der Pächter des Schrebergartens hat mehrfach gewechselt. Was aus den Tomaten bei der Brombeerhecke geworden ist, weiß ich leider nicht.

Israelsdorf, Lotte Walther und ihr Tierpark

Israelsdorf war ein Ort, den wir gerne aufgesucht haben. Mehrere Ausflugsgaststätten, im oder am Wald gelegen, luden die Leute zur Einkehr ein. Manches Schulfest wurde in der Gaststätte Muuhs begangen mit Erbsensuppe satt zum Mittagessen und Sportwettbewerben auf den vorhandenen Freiflächen des Lokals. Klar, dass man von der Schule aus in geordnetem Zug (vorne die Kleinen, hinten die Großen) durch Lübecker Straßen und Alleen marschierte, angeführt durch den Spielmannszug mit Trommeln und Pfeifen von der Alten Stadt-Mittelschule mit dem flotten Tambourmajor an der Spitze. So an die sieben Kilometer Fußmarsch waren zu bewältigen. Zurück ging es mit dem Bus oder die Eltern holten ihre Kinder ab. Ein anderes Lokal war für seine Rie-

senwindbeutel mit Unmengen von Schlagsahne bekannt. Es fand so mancher Wettbewerb statt und wer am meisten „verdrücken" konnte, hatte gewonnen. Na, denn man guten Appetit! Gern besuchten wir mit unseren Eltern den Lübecker Tierpark, ebenfalls in Israelsdorf gelegen. Die Leiterin und Inhaberin des Zoos war lange Zeit Lotte Walther, eine kleine ältere, aber sehr agile Dame. Es hieß, sie sei mal Dompteuse beim Zirkus und

Kleine Verschnaufpause im Tierpark von Lotte Walther, 1945.

für die Löwendressur zuständig gewesen. Im Tierpark, der nicht sehr groß war, befanden sich einige exotische Tiere wie Affen, ein paar Kamele und eben ein Käfig mit einem Löwen darin, das war der besondere Liebling von „Löwen-Lotte". Nur sie durfte sich diesem Käfig nähern und den Löwen füttern.

Das Forsthaus war eine typische Waldgaststätte.

Aus heutiger Sicht war die Unterbringung Tierquälerei. Der Käfig war sehr eng, und das Tier lief hin und her. Aber wenn Löwen-Lotte kam und mit ihm sprach, wurde das Tier ruhig. Irgendwann musste das Raubtier eingeschläfert werden. Lotte gab aus Altersgründen ihren Job auf und zog um. Ihr Nachfolger wurde das Ehepaar Lehmensiek, aber die Besucherzahlen ließen zu wünschen übrig. 1968 übernahm die Lübecker Tierpark-Gesellschaft e.V. die Trägerschaft und investierte in neue Gehege und Außenanlagen sowie Kinderspielplätze. Doch da war nichts mehr zu machen, der Zoo wurde geschlossen, und heute erinnert wenig daran, dass wir als Kinder mit Begeisterung „unseren" Tierpark besucht haben. Das Gesellschaftshaus Muuhs gibt es nicht mehr, das Forsthaus auch nicht. Nur das Twiehaus mit seinen legendären Windbeuteln ist noch da, allerdings in abgespeckter Form als Hotel.

Hühnerstall und Wienerwald

Hühnerhaltung gehörte bis in die 50er-Jahre zum Lebensalltag, ganz gleich ob auf dem Land oder in der Stadt. Wer hinter seinem Häuschen ein bisschen Platz für einen Hühnerhagen übrighatte, der schaffte sich drei oder vier Junghühner an und einen Hahn, wenn die Nachbarn nichts dagegenhatten, morgens recht früh durch dessen Gekrähe geweckt zu werden. Man pflegte seine Hühner, säuberte ihren Stall mit Hühnerleiter und Ruhestangen zum Schlafen und Eierlegen und sorgte für ein ausgeglichenes Körner- und Frischfutter. Man freute sich über die Tiere, wenn sie fleißig Eier legten und das bis ins hohe Alter. Erst wenn die Leistung eines Huhns nachließ, dachte man darüber nach, es zu schlachten, auch wenn es nur ein Suppenhuhn werden würde.

Dass ein Huhn, ein halbes, auch ganz anders schmecken konnte, erfuhren wir Ende der 50er-Jahre, als überall in Deutschland die „Wienerwald"-Gaststätten aus dem Boden sprossen. Wir hatten in Lübeck – wenn ich mich richtig erinnere – drei Lokale dieser Art. Das Hauptlokal befand sich in der Innenstadt in der Mühlenstraße. Wenn man dort vorbeikam, duftete es verführerisch nach frisch gebratenen „Hendln". Man bekam sofort Magenknurren, und mancher sagte zu seiner Begleitung: „Komm, lass uns reingehen, wir gönnen uns ein halbes Brathähnchen." Drinnen war alles auf alpenländisches Flair ausgerichtet: die Sitzecken gepolstert, karierte Tischdecken auf den Tischen, vorne am Gang mit Stühlen, sonst rundherum durchlaufende Bänke. Es war zu gemütlich. Die weibliche Bedienung war hübsch in bayrische Dirndlkleider gewandet, mit entsprechendem

„Holz vor der Hütten". Die Hendln wurden auf Spieße aufgezogen, schön gewürzt, und drehten sich in einer Art Tonne. Man konnte mitverfolgen, bis die Hendln gar waren. Endlich! Wir hatten ja in der Zwischenzeit solchen Hunger! Die vom Spieß befreiten Hendln wurden mit scharfer Schere in zwei Teile geschnitten, auf Tellern verteilt und mit Salatbeilagen serviert. Man hatte bis dahin gar nicht gewusst, wie schön solch ein Stück Fleisch schmecken konnte. In der Schwartauer Allee und in Travemünde in der „Vorderreihe" waren ebenfalls „Wienerwald"-Gaststätten zu finden.

Ab den 70er-Jahren machte die Pizza-, Döner- und Kebab-Welle dem Hähnchen-Schnellrestaurant Konkurrenz. 1982 meldete die Kette Wienerwald Insolvenz an. Seitdem gab es einige Wiederauflagen und neue Konzepte. Mal sehen, was bleibt.

Mäzene und Stifter in Lübeck

Schon von jeher hat es in Lübeck großzügige Persönlichkeiten gegeben, die Stiftungen zum Wohl der Stadt gründeten. Dabei handelte (und handelt) es sich hauptsächlich um Menschen, die in hanseatischer Tüchtigkeit ihr kaufmännisches Wissen gewinnbringend für ihre Firma einsetzen konnten. Oft waren (und sind) es Menschen mit großer persönlicher Bescheidenheit, die den Zweck ihrer Stiftung nach eigenem Gutdünken und Neigung festlegten. Was ihr gutes Recht ist.

Viele dieser bürgerlichen Stiftungen unterstützen z. B. kulturelle und bauliche Vorhaben finanziell mit z. T. beachtlichen Summen, die die Stadt allein nicht stemmen könnte. Ja, wenn wir unsere Stiftungen nicht hätten, dann sähe einiges nicht so gut aus! Beispielhaft genannt sei das Familienunternehmen Drägerwerk. Ursprünglich aus den Vierlanden stammend, gründete der junge Heinrich Dräger im Jahre 1889 unter Assistenz seines tüchtigen Sohnes Bernhard in Lübeck ein Unternehmen mit den Schwerpunkten Medizintechnik und Sicherheitstechnik. Beide Drägers waren mit Leib und Seele Erfinder und brachten ihr Werk mit unerschütterlichem Einsatz zur Blüte. Mittlerweise befindet sich das Unternehmen in fünfter Generation und ist weiterhin auf einem erfolgreichen Weg. Die Firma ist in aller Welt bekannt und verfügt über hervorragende geschäftliche Verbindungen. Der Enkel des Firmengründers (ebenfalls Heinrich mit Namen) hat sich in gleicher Weise als Mäzen eingebracht wie schon seine Vorfahren. 1986 ist er verstorben.

Seine Ehefrau Lisa, Mitinhaberin der Drägerwerke, wurde im Jahre 1920 in Rissen bei Hamburg geboren. Sie hat von ihrem Mann die Aufgabe übernommen, sich segensreich für ihr und sein Lübeck einzubringen, ihr Portemonnaie zu öffnen und großzügig finanzielle Hilfe zu leisten, wenn man sie darum bittet. Sie ist Namensgeberin der von der „Gesellschaft Weltkulturerbe Hansestadt Lübeck e.V." erbauten Kraweel, dem Nachbau eines Hanseschiffes. Dieses Segelschiff mit Namen „Lisa von Lübeck" hat seinen Liegeplatz im Hafen bei den Media-Docks. Das Schiff ist oft im Dienste der Hansestadt Lübeck auf der Ostsee unterwegs und präsentiert die Stadt bei maritimen Veranstaltungen, die die an der See liegenden Städte ausrichten. Lisa Dräger, die stets mit warmem Herz und freigiebiger Hand zur Stelle war, ist gern an Bord gegangen, hat sich den Wind um die Nase wehen lassen und ist mitgesegelt. In den letzten Jahren wurde sie gebrechlicher, konnte nicht mehr in dieser Weise am Schiffsleben teilhaben und ist vor Kurzem im Alter von 95 Jahren verstorben. Farewell, Lisa!

Mögen wir noch lange solche Persönlichkeiten in unseren Reihen und unseren Mauern haben. Wir können stolz sein auf unsere Kultur, die in der Vergangenheit und die jetzige, die hoffentlich Zukunft haben wird.

Wir sind stolz auf unser Aushängeschild die „Lisa von Lübeck".

Weitere Bücher aus der Region

Lübeck - Gestern und Heute
Ole Nissen (Autor),
Ralf Helling (Fotograf)
72 Seiten, zahlr. farb. u. schw.-w. Fotos
ISBN 978-3-8313-2248-0

Lübeck - Farbbildband
Ole Nissen (Autor),
Ralf Helling (Fotograf)
72 Seiten, deutsch/english/frança
ISBN 978-3-8313-2374-6

Aufgewachsen in Lübeck
in den 40er und 50er Jahren
Brigitte Fokuhl
64 Seiten,
zahlr. farb. u. schw.-w. Fotos
ISBN 978-3-8313-1924-4

Aufgewachsen in Lübeck
in den 60er und 70er Jahren
Ole Nissen
64 Seiten,
zahlr. farb. u. schw.-w. Fotos
ISBN 978-3-8313-1991-6

Wartberg Verlag GmbH & Co.KG
Im Wiesental 1   34281 Gudensberg
www.wartberg-verlag.de

Bücher für Deutschlands Städte und Regionen
Tel. 0 56 03 - 93 05 0
Fax. 0 56 03 - 93 05 28